ESPAÑA NEGRA

Émile Verhaeren
Darío Regoyos

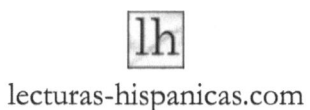

lecturas-hispanicas.com

España Negra
Émile Verhaeren y Darío de Regoyos

© Para esta edición, introducción y
diseño de la portada incluidas:
Servando Gotor, 2015

Colección Lecturas hispánicas
1ª Edición: 16 de diciembre 2015

Lecturas hispánicas
www.lecturas-hispanicas.com
Zaragoza (España)

ISBN-13: 978-1523673223
ISBN-10: 1523673222

ÍNDICE

Regoyos tenía nuestro color y nuestra actitud
(Pío Baroja)

Introducción

Sí, la manida expresión "España negra" viene de este libro. En él, Darío Regoyos nos traduce y transcribe las tétricas impresiones del gran poeta belga Émile Verhaeren, tras un viaje de ambos por la península en 1888. Esas impresiones, Regoyos las funde y confunde con las suyas propias trasladadas al texto y a unos magníficos grabados y xilografías que, por supuesto, se reproducen en nuestra edición.

Pero la "España negra", como se ha dicho repetidamente, es mucho más que un libro de viajes, puesto que en sus páginas se vuelcan impresiones artísticas que, además, brotan de un ideario preconcebido y de unos determinados presupuestos estéticos. Porque las impresiones de Verhaeren contienen un singular valor testimonial y antropológico por su contenido, por supuesto; ahora bien, desde el punto de vista artístico, cobra mayor importancia el testimonio de la mirada creadora de ambos y, especialmente, de la mano del pintor, ya que, sin duda, las imágenes que aquí esboza, constituyen el meollo de la obra, y ello sin olvidar el legado que en sí mismo ha comportado para el futuro su propio título, puesto que la expresión "España negra", aunque ha acabado convirtiéndose en un auténtico lugar común —nos guste o no—, también ha supuesto un fuerte estímulo para la duda, la reflexión y la introspección de nuestra propia esencia e idiosincrasia.

En definitiva, y como ha constatado Frederik Verbekek, detrás de ambas miradas late el pesimismo finisecular, las experiencias de sus amigos Constantin Menuieer, Théo Van Rysselberghe y Frantz Charlet, durante un viaje por la Península en 1882, y sobre todo los escritores franceses del romanticismo Víctor Hugo y Théophile Gautier.

Pero, ¿qué es la "España negra"? ¿Es real? ¿Existió realmente? ¿Existe?... ¿Seguirá siempre existiendo y, por tanto, habrá siempre una "España negra"? La respuesta a todos estos interrogantes forzosamente ha de ser positiva, como lo sería si cambiáramos España por cualquier otro país. Con una diferencia, al menos, en lo que a las naciones europeas se refiere: que España, como Estado nación, es la más antigua de nuestro entorno.

Y así es. Existe, claro que existe la "España negra", como existe la de color rosa, la amarilla, la de charanga y pandereta, y todas cuantas otras *Españas* más se quieran buscar. Porque en escenarios amplios siempre es fácil tropezar con lo que uno busca.

En todo caso, el caldo de cultivo para constatar en nuestro suelo un especial retraso respecto al resto de Europa está servido. Estamos en la España en la que se fragua el desastre colonial, la España del 98. Cierto que uno podría encontrar igualmente —y de hecho se encontraron— escenarios "negros" en la España imperial, aquella donde no se ponía el sol y cuyo idioma y cultura reinaban en el mundo. Pero no lo es menos que la que conocieron Regoyos y Verhaeren fue una España especialmente oscura, vencida y retrasada; una España *diferente*, por lo demás, como diferentes son todos los pueblos de Europa y todas las naciones del mundo. Otra cosa es encontrar las razones propias de nuestras diferencias y hasta de nuestra idiosincrasia, pero eso es ya algo sobre lo que se ha escrito mucho y se seguirá escribiendo. Bástenos señalar aquí, no obstante, una razón capital no suficientemente destacada:

España fue (y de alguna manera lo ha seguido siendo) el muro de contención clave que posibilitó el progreso occidental. La característica diferencial más acusada de España consiste en que durante los ocho siglos de Reconquista, nuestra tierra fue una tierra en guerra y de fluctuantes fronteras bélicas. España siempre estuvo allí, en el frente, arrostrando en primera línea al enemigo musulmán que luchaba y contra el que luchaba toda Europa, solo que España convivía y guerreaba con él cara a cara, mano a mano, en la "extrema dura", mientras Europa, a salvo y bien protegida, ayudaba, por supuesto que ayudaba, pero su sociedad civil vivía y se desarrollaba en un ambiente de paz cuyas ciudades no necesitaban de especiales fueros como reclamo para ser habitadas. Aquí, sí, aquí había que conceder privilegios muy especiales para poblar los "negros" espacios que se iban ganando al enemigo, plazas en las que el vivir era un sinvivir, un continuo estado de alerta por la proximidad del frente y la convivencia con el infiel. Por eso se forjaron gentes fuertes, audaces, aventureras y conquistadoras que, vencido y expulsado el enemigo, se lanzaron por los mares ignotos al encuentro de nuevas y desconocidas tierras, gentes distintas y fuertes sensaciones. Pueblo que, con semejantes mimbres, fraguados siempre con el nervio y la pujanza que la adversidad confiere, hizo de su monarquía un imperio, al que no le faltaron miradas asombradas y hasta envidiosas que idearon también una "leyenda negra", avivada por las propias guerras y facciones intestinas que en un territorio guerrero como el nuestro nunca han faltado, pues el enfrentamiento dialéctico, y hasta bélico, consustancial.

"España negra" y "Leyenda negra". ¿Suficiente? No, no del todo. Queda algo fundamental. Porque tenemos también unas "Pinturas negras", que sin duda, tanto ellas mismas como su denominación, constituyen nuestra principal aportación al arte universal y —paradojas de la vida—, al arte universal más "moderno": las que "iluminaban" los muros de la casa de Goya en Madrid (la Quinta del Sordo), "expresión del alma moderna con todos sus miedos y angustias", en palabras de Muther, su primer valedor, quien destacó la obra del aragonés como factor decisivo para el impresionismo y hasta la "modernidad" de sus encuadres, aspecto este en el que veía el nexo más fuerte con los artistas más modernos.

¿Era negra la España del último Goya, el genio de las pinturas negras? Por supuesto. Estábamos en el principio del fin de nuestra hegemonía de siglos anteriores. Salíamos de la Guerra de la Independencia, y nuestros intentos por modernizarnos política y socialmente resultarían constantemente frustrados a lo largo de todo el siglo. Pero si leemos otros testimonios de la época y sobre la época, enseguida descubriremos que no era tan fiero el león como lo pintaban, ni España tan diferente como tan contumazmente se ha pretendido. En 1812 alumbramos la primera constitución liberal. Y no solo eso, hasta la expresión "liberal" (y en español) y el propio concepto son creación nuestra.

No nos engañemos: existe lo negro como existe lo azul, lo rosa y lo amarillo, solo que, como se ha dicho, cada cual encuentra lo que busca, y lo triste siempre ha sido más poético (quizá por más profundo y menos banal) que lo alegre. Porque la felicidad humana está más cerca en el duro autoconocimiento, en la cruel pero auténtica búsqueda del propio yo, que en la huera huída por los yermos campos de carcajadas insípidas o engañosos divertimentos. Que a menudo se confunde diversión con felicidad, cuando precisamente la diversión, la necesidad de lo diverso es reflejo muchas veces de una preocupante y vacía existencia.

Pero habrá que insistir: no es lo negro lo que atrae, ni siquiera la profunda verdad que esconde y el conocimiento que irradia, sino el camino, la apasionante búsqueda que comporta hacia las más recónditas entrañas del yo. Y eso es el arte moderno, y ese el itinerario de todo el siglo XIX: un intenso viaje del arte al interior, en palabras de Herich Helle.

Por eso el arte, todo el arte en general y el arte moderno en particular, está plagado de hermosas manifestaciones "negras". Hermosas, no necesariamente por lo que desde el punto de vista meramente estético aportan, sino por la verdad y conocimiento que ocultan. Y en nuestra España, ya no Goya, sino mucho antes que él, y en el triunfal y hasta feliz contexto de la Monarquía Hispánica, aflora la visión también descarnada, tétrica, negra, pero siempre espiritual, del Greco. Otra referencia ibérica más mediata del arte moderno, otra mirada hacia la que los hombres de la Generación del Noventa y Ocho (de la que Regoyos es, por lo demás, el único pintor) centran su interés.

José Martínez Ruiz, inventa a su *alter ego*, Azorín, en este clima emocional:

> En los días grises del otoño, ó en Marzo, cuando el invierno finaliza, se siente en esta planada silenciosa el espíritu austero de la España clásica, de los místicos inflexibles, de los capitanes tétricos —como Alba—; de los pintores tormentarios —como Theotocópuli—; de las almas tumultuosas y desasosegadas —como Palafox, Teresa de Jesús, Larra... El cielo es ceniciento; la tierra es negruzca; lomas rojizas, lomas grises, remotas siluetas azules cierran el horizonte. El viento ruge á intervalos. El silencio es solemne. Y la llanura solitaria, tétrica, suscita las meditaciones desoladoras, los éxtasis, los raptos, los anonadamientos de la energía, las exaltaciones de la fe ardiente... (*"La voluntad", XXIV* Azorín).

Y no solo escruta en ese ambiente y en cómo lo expresan los creadores. Va más lejos, pues se recrea, sobre todo, en imaginar la propia búsqueda, y dar con las claves interiores de las que surge y por las que surge el genio:

> «Este divino Greco me hace llorar de admiración y de angustia. Sus personajes alargados, retorcidos, violentos, penosos, en negruzcos tintes, azulados violentos, violentos rojos, palideces cárdenas, dan la sensación angustiosa de la vida febril, tumultuosa, atormentada, trágica [...] Theotocópuli pinta el Espíritu: es el pintor de la Esencia. Ved los grandes y acongojados ojos de su retrato. Exasperado, febril, loco, lucha ante el lienzo, pinta, repinta, borra, vuelve a pintar; se cansa, se fatiga, se extenúa, hasta que la visión exacta queda limpia, fija, inalterable en mancha sombría, en «crueles borrones», en tormentoso dibujo que expresa el dolor, la fe ardiente, la ingenuidad, la audacia, la fuerza avasalladora de un pueblo de aventureros locos y locos místicos... *("Diario de un enfermo",* Azorín*).*

Pues bien, esto es lo que excita la vena creativa de Verhaeren y Regoyos y esto es lo que buscan en su viaje: la España negra del Greco y Goya. Se trataba, en fin —nos dicen— de un viaje para poetas o soñadores de la penumbra. De ahí que su itinerario no sea neutro: encuentran lo que buscan. Y, para ello, suelen llegar a las poblaciones a la hora del crepúsculo, o incluso ya de noche; y, si es posible, a poblaciones muertas o en ruinas, con escenas fúnebres, sangrientas y decrépitas, cementerios... Le hablé —refería Regoyos al poeta belga— del gran establecimiento la Funeraria, y el nombre le preocupó tanto que no hablaba más que de visitar aquel gran depósito de féretros.

Buscan lo que encuentran y encuentran lo que buscan, pero además con deleite y regocijo:

> A ruegos de mi amigo vimos el Campo Santo de Zaragoza, que por ser uno de los que tienen más curiosos nichos en España, había de

gustarle…

O

> Inolvidables aquel crepúsculo de sangre y aquella noche estrellada de hierro que pasamos en aquel siniestro sitio.

Y hasta se vislumbra cierta jocosa tensión entre ambos. Como si, para el español, la cosa no fuera tan negra como la veía o quería ver el poeta. Esto nos dice Regoyos que exclamaba Verhaeren:

> «Dime después que tu país no es fúnebre»

Lo que resulta evidente es que Verhaeren disfrutaba de la negrura más que el propio Regoyos:

> Quizás se prestaba él a negras ideas, a llamar *nuit defer* a una noche pasada en El Escorial… La frase *«país desgarrado que parece aúlla herido siempre por los vientos»* tiene verdadero colorido.
> La ciudad imperial le hubiera gustado por el color; ¡nada tan cadavérico como sus tonos amarillos vistos desde el campanario de la Catedral!

Y con estas premisas, con estos prejuicios, con esta voluntad, la conclusión, las conclusiones, resultan casi forzosas:

> Decididamente era difícil hacerle ver España a través de las niñas bonitas ni de la alegría del cielo; detrás de aquella luz fuerte siempre encontraba un alma negra de todas las cosas, algo de triste o navrant, siendo esta palabra la que él repetía a continuación de cualquiera de sus impresiones.
> […]
> Es necesario llevar gafas de vidrio color rosa en los ojos para ver España con tonos alegres.
> Su pabellón nacional debía llevar colores negros o escudos de plata

Ahora bien, como lo negro es hermoso, es por eso que lo buscan ambos. Curiosamente, más el belga que el español:

La idea fúnebre del poeta podrá parecer chifladura, pero de ello tuvo la culpa la serie de cosas que vimos en nuestro viaje. El hombre en vez de alegrarse el espíritu con la luz de nuestro sol, se marchó más triste que había venido…

Mucho más triste, y sin embargo

como él decía «por lo mismo que es triste, España es hermosa».
[…]
Y si […] viniera a pasar un Viernes Santo en Rioja, entonces sí que vería al natural y de una pieza toda su ESPAÑA NEGRA tal como él la desea y la canta con su alma de gran poeta.

Nos lo dice Regoyos: Verhaeren desea esa "España negra" y la canta "con su alma de gran poeta". Porque la España de sol y castañuelas, como la luz y la alegría, no conmueven, o no conmueven tanto, y por eso mismo excitan menos nuestro conocimiento interior. Con lo que volvemos a lo dicho: esa mirada hacia dentro, hacia las entrañas del yo, esa búsqueda de nuestra propia esencia, es más fácil recorrerla en las impresiones fuertes, negras, que en los vacíos espacios de folklore y pandereta. Por eso encontramos a nuestros artistas en un café cantante zaragozano, junto a un vaso y una belleza gitana, una cantaora… buscando la muerte:

Preguntamos si sabía canciones que hablaran de la muerte. —Casi toas, —dijo. —Las quiere V. de jaleo?

En suma, la negrura estaba aquí, por supuesto que estaba. Pero también la traían ellos: la absorbieron en las terribles tierras del norte de Europa, donde hasta en la *Melancolía I* de Durero el sol es negro, y en cuyos escenarios se gestan *Los padecimientos del joven Werther,* que le llevarían al suicidio, o *El Grito* de Edvard Munch, cuyos ecos nos conmueven y nos seguirán conmoviendo. Pero sobre todo la llevaban dentro, como dentro llevamos todo: lo bueno y

18

lo malo, lo triste y lo alegre, lo dulce y lo amargo. Y es en ese *fin de siècle* en que se produce el viaje de nuestros artistas, cuando precisamente ha concluido ese otro viaje fundamental ya aludido: el emprendido a lo largo del siglo XIX hacia el yo. Una llegada que nos anuncia decadencia y modernidad, y que romperá con todo el arte anterior. Una apasionante búsqueda interior en la que aún hoy, en pleno siglo XXI, seguimos inmersos.

Pues bien, nuestro poeta, el belga Émile Verhaeren (1855-1916), es precisamente uno de los iniciadores de esta modernidad, de este nuevo trayecto del artista hacia el interior que, por supuesto, ya no se fragua en la *naturaleza* (*physis*) como venía ocurriendo desde la antigua Grecia sino en la *ciudad moderna*, esa *ciudad hormigueante llena de sueños*, que Baudelaire descubre para la poesía, y no solo como elemento externo a representar, sino sobre todo como inspiración y contexto en el que la agresiva modernidad (coches, ruidos, tráfico, publicidad, fábrica, chimeneas, humos…) aísla y desconcierta al nuevo *poeta-voyeur* (el *flâneur*) que observa en silencio y analiza el comportamiento del hombre ante lo nuevo y entre la masa:

> Un air de soufre et de naphte s'exhale;
> Un soleil trouble et monstrueux s'étale;
> L'esprit soudainement s'effare
> Vers l'impossible et le bizarre[1]

Tampoco se cantará a grandes cosas, ni a la magna naturaleza, ni a las gestas homéricas de grandes héroes. En palabras de Stefan Zweig, Verhaeren fue el primer poeta

---

[1] Versos del poema de Verhaeren *L'âme de la ville* (El alma de la ciudad), de *Les Villes tentaculaires*, (Las ciudades tentaculares), de1895: *Ambiente de azufre y nafta exhala; / un sol loco y monstruoso irradia; / la mente de golpe se espanta / ante lo insufrible y extraño.*

en francés que intentó dar a Europa lo que Walt Whitman dio a América: una declaración de fe en la época, en el futuro. Había empezado a amar el mundo moderno y quería conquistarlo para la poesía.

Por su parte, Darío de Regoyos y Valdés (1857-1913), es el único pintor que puede encuadrarse en la Generación del 98. Ya lo dijo Baroja refiriéndose a este grupo de poetas y ensayistas: "Regoyos tenía nuestro color y nuestra actitud como tantos otros pintores". Regoyos indagará en la vieja España y en la moderna Europa. Y especialmente como pintor, irá en pos del modernismo huyendo de España, cuyo ambiente artístico está dominado por un academicismo trasnochado. Pero no irá a París, tomada por Toulouse Lautrec y otros bohemios extranjeros, como los españoles Santiago Rusiñol, Ramón Casas y Miguel Utrillo[2], sino a la rica e industrial Bruselas de Lepoldo II, "sepulcro blanqueado" tras el que se oculta uno de los mayores crímenes de la humanidad, y en cuyo contexto escribirá Joseph Conrad su inmortal novela "El corazón de las tinieblas" (1899). Pero las grandes riquezas y las grandes industrias también generan, inevitablemente, movimientos políticos, sociales y artísticos distintos. Así tenemos, en lo que aquí interesa, a Verhaeren y Meterlinck en la literatura, o a Meunier, Khonpff y Vogels, en la pintura. Pero es que también andaban por allí nuestros grandes músicos Isaac Albéniz y Enrique Fernández Arbós, a quienes acompañó Regoyos. Pues bien, en Bruselas trabará Regoyos amistad con Verhaeren, a quien, en marzo de 1888 en una carta de

---

[2] Sobre la experiencia de estos ver "Conocer a... La bohemia" (Lecturas hispánicas, Zaragoza, 2015), donde se recoge una importante selección de textos sobre el tema, incluida la obra íntegra de Santiago Rusiñol "Desde el Molino", con las ilustraciones originales de Ramón Casas, abundantes notas a pie de página y una introducción nuestra.

pésame por la muerte de su padre, invitará a un viaje por España. Dicho y hecho: ambos realizaron una auténtica exploración "a la búsqueda de un país bárbaro, atrasado y atávico; y lo encontraron jalonado por grandes iglesias como fortalezas y sombríos cementerios que dominaban los paisajes, con tipos sometidos por devociones milenarias y festejos basados en sangrientas corridas de toros e interminables noches gitanas a la vuelta de cada esquina."[3]

Sobre este viaje publicaría Verhaeren en la revista *L'Art Moderne,* el mismo año 1888, *Impresions d'artiste,* un trabajo que dedicó al propio Regoyos, quien diez años más tarde, junto con Rodrigo Soriano, lo transcribirían, traducido, en los números 8; 9 y 10 del semanario español *Luz,* añadiendo notas e imágenes propias y bajo el título, *España negra,* definitivamente convertido en libro —con pocas diferencias— en 1899, por el impresor barcelonés Pedro Ortega, incluyendo 27 grabados y 7 xilografías originales sobre plancha de boj. En todo caso, el papel desempeñado por Regoyos en la redacción del libro no se limitó a la de mero ilustrador. Ya hemos destacado determinados pasajes del libro reveladores de que, esa búsqueda y atracción por lo negro, la buscan ambos, si bien parece mostrarse más acusada en el belga. Pero, lejos de ciertas discrepancias entre ellos, seguramente más jocosas que reales y en el contexto de su amistosa relación, dejan claro que el espíritu que impregna la obra es cosa de dos. Y así lo ha puesto de manifiesto Manuel Valdés Fernández en su artículo "Un dibujo 'negro' de Darío de Regoyos", donde, tras analizar el

---

[3] Manuel Valdés Fernández: *Darío de Regoyos y la pintura europea en la crisis de 1900.* De arte: revista de historia del arte, ISSN 1696-0319, N°. 3, 2004, págs. 165-186. Universidad de León, 2004, pp. 174-175.

propio texto de *España negra*, aporta un manuscrito del pintor sobre el reverso de un dibujo que él mismo denominó «Aragonés», del siguiente tenor:

> «España salvaje porque el clima y las posadas la hacen insoportable, las chinches, el ajo, la pimienta. las salsas, aceite, el pan, el vino, la suciedad en todo, y los perros que ladran de noche y los gallos que no dejan dormir, los caminos que no son más que pedruscos…»

Por último señalar que para esta edición nos hemos servido de los textos, grabados y xilografías (incluida la breve introducción de Rodrigo Soriano) de la ya referida de Pedro Ortega, de1899; y, en concreto, del ejemplar que alberga la Biblioteca Nacional de España (Biblioteca Digital Hispánica, signatura ER/4531).

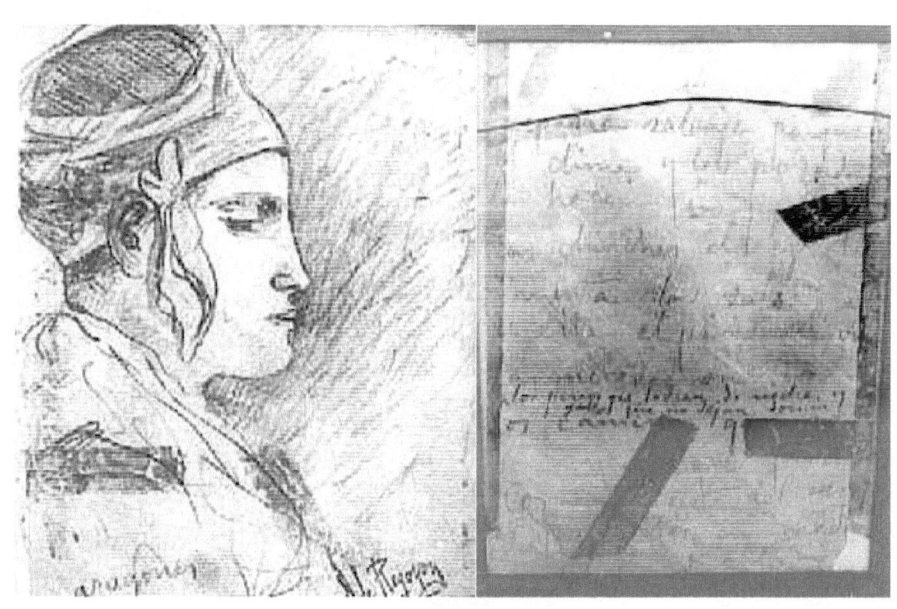

Aragónés
(Darío de Regoyos - Colección particular)

Anverso, y reverso con el siguiente texto:
«España salvaje porque el clima y las posadas la hacen insoportable, las chinches, el ajo, la pimienta. las salsas, aceite, el pan, el vino, la suciedad en todo, y los perros que ladran de noche y los gallos que no dejan dormir, los caminos que no son más que pedruscos…»

Lector querido

Por algo y por *algos* allí donde los españoles estuvieron dejaron indeleble señal de la magnífica y orgullosa simiente de su raza. Siglos hace ya que no se puso una pica en Flandes, porque hoy las ponemos únicamente en el morrillo de los toros. Siglos hace que la plaza del Ayuntamiento de Bruselas no se adorna con triunfantes banderas ni se estremece la delicada crestería de sus balcones y aleros con el ronco sonar de atabales que anuncian al poderoso Duque de Alba Don Fernando Álvarez de Toledo. Siglos hace en fin que la negra careta del verdugo no tapa al afilado y pálido rostro de los Condes de Hoorn y de Egmont ...

El nombre de «español» parece haber desparecido de los Países Bajos, tan altos y tan florecientes hoy.

Alguna vez ojos negros que chispean en el aceitunado rostro de una tendera flamenca, pálidas caras o señoriales perfiles que descubrir en tabernas, teatros o plazas, nombres de calles y enseñas de tiendas os traen como lejano y grato tufillo del españolismo rancio y algo como el perdido eco de guitarreo, zambra y huelga. Es esto porque aquellos ojos y aquellas caras son "¡españolas!" sin saberlo y sin quererlo.

Ahí tenéis, lectores, un poeta belga, ilustre por sus títulos de literato, gran escritor en su país, orgullo de Flandes y del arte moderno ¡Emilio Verhaeren!

No habla español como Rodenbach, el gran novelista gantés descendiente de española familia. No lo habla ni apenas conoce nuestra literatura. Pero llega a España y sin darse quizás cuenta de ello habla como español puro y neto. Su raza vuelve a dominarle por atavismo maravilloso. Y así le veis, en esos magníficos artículos traducidos por un su amigo, loco de entusiasmo por las cosas de nuestra patria, persiguiendo tipos, paisajes, sensaciones fúnebres, espectáculos bárbaros, corridas, muertes, cementerios, procesiones, y fiestas de la que típicamente llama él *España Negra*. ¡Saludemos como español a Verhaeren! Español; digo ... Lo parece a primera vista, pero no lo es. ¡Porque Verhaeren habla bien de España!

Rodrigo Soriano

Al público

No es mi deseo hacer un libro ni mucho menos lanzarme a la literatura y sí únicamente presentar al público a Émile Verhaeren, gran poeta moderno nacido en Flandes, ignorado en España, que ha escrito muchos volúmenes de poesías y que al hacer un viaje, hace algunos años por nuestro país, lejos de verlo de una manera alegre como la mayor parte de los extranjeros que nos ven al través del cielo azul y de la alegría aparente de las corridas de toros, sintió una España moralmente *negra*.

Acompañándole en su itinerario le seguí en sus ideas dibujando algunas cosas que vimos juntos.

Allá va la traducción de sus impresiones de viaje por España empezando desde San Sebastián y siguiendo la costa de Guipúzcoa.

Que no me tomen por escritor, sino por compañero del poeta flamenco es lo que más deseo y ruego al público antes de leer estas impresiones de viaje.

Darío de Regoyos

España negra. Notas de viaje

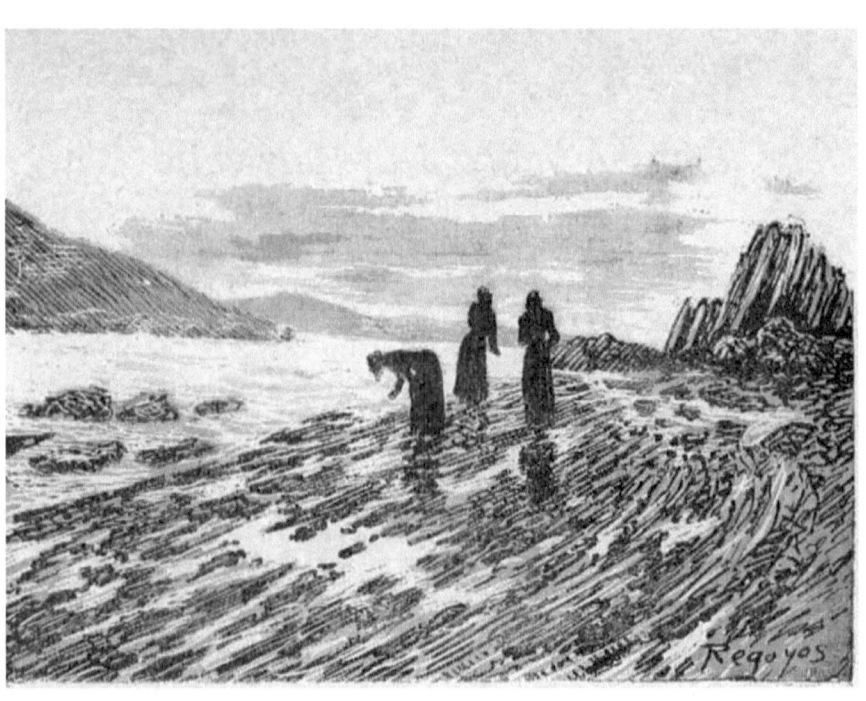

1. POR LA COSTA CANTÁBRICA

Buscábamos una diligencia a todo trance con mulas viciadas, dispuestas a rodar por los precipicios, a romper los arreos y matar al mayoral. Los paisajes hacían desearlos; con furia de artistas íbamos preparados a lo que nos reservase la casualidad; guisotes rojizos, calamares negros, quesos petrificados; la posada grasienta y perforada por los insectos. Buscábamos algo nuevo y distinto de lo que ambicionan los ingleses que en sus viajes no buscan más que el *confort*, comodidades, una mesa servida a hora fija por manos de *groom* estirado con frac y pechera tiesa. Nada de esto; comer lo que salga o dormir en un diván ¿qué importa? puesto que hay aire puro de montañas y mar; sol y sombra a elegir para disfrutarlo. ¡Oh, notarios, dentistas, fabricantes de biberones o jeringas que forzosamente necesitáis descansar vuestras posaderas en asientos bien mullidos y los platos emperejilados! Ellos y los ferrocarriles han vulgarizado la pasión de los viajes. Ahora son estos lujo que se paga uno o cumplimiento de la promesa que se hizo a la mujer o a los niños si son buenos. Del delicioso ensueño que antes era ir a la ventura en busca de lo desconocido se ha hecho hoy una distracción metódica, uniformada para «libro de memorias».

—¿No falta nada? —esta es la sola reflexión que se hacen al hacer el baúl. ¿Quién es Braedecker? el más soso compañero de viaje que he conocido. ¿Y Joanne?[4] un pedante geógrafo cuyos libros debían condenar al presidio de las bibliotecas de provincias. ¿Se recorre el mundo para coleccionar estadísticas, conocer los hoteles más *chic* o profundizar el estudio de la historia?

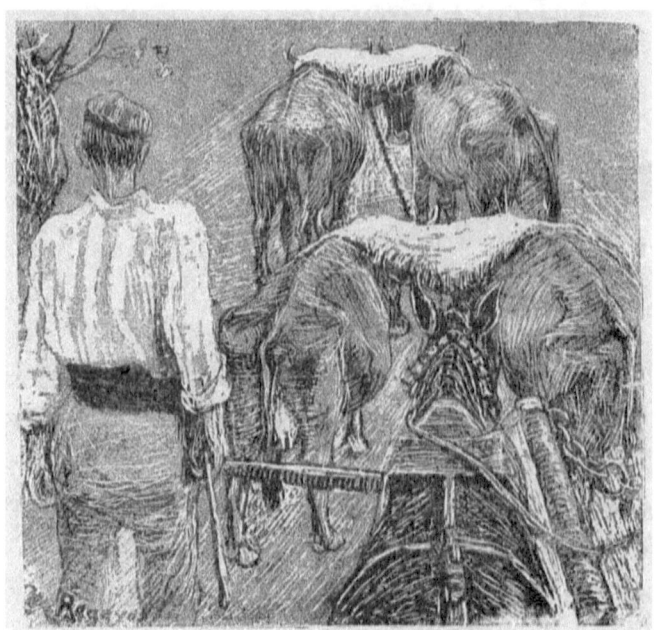

Diligencia vascongada

Buscábamos una diligencia —decía— la más desvencijada, la más semejante a una caja de contrabajo, la más rechinante que hubiese. Esto tenía que encontrarse en un país con aldeas construidas como a bofetadas contra las laderas de la costa Cantábrica, país salvaje con caminos a propósito para equilibrista de cuerda floja.

---

[4] Braedecker y Joann. Referencia a famosos diccionarios y guías de viaje, respectivamente.

Se realizó nuestro deseo. No era la diligencia de Gautier con su zagal y postillón que quizás fue bonita pero decididamente profanada por la ópera cómica. Era otra cosa: Un armario amarillo y negro tirado por caballos, mulas, y en las cuestas por bueyes, que aparejados juntos sudaban obedeciendo a los latigazos entre sapos y culebras lanzados por la boca del mayoral. Entre *¡aida y arrayua!* poco a poco se vencen las cuestas y entre galopes y trotes con acompañamiento de ruedas y correas se hacen muchas leguas. A lo mejor hay una parada sin saber nadie por qué, excepto el mayoral que si no es para echar una copa, sabe que ha dado cita la víspera a un amigo para tratar de algo que interesa a los dos y la diligencia entera esperando.

Luego aquellas entradas alegres en los pueblos desempedrando calles y rechinando hierros que parece debían romperse los cristales de las ventanas a nuestro paso.

Una vieja había tomado sitio la última en el pescante. ¡Oh! qué viejas esas de España que muchas parece que han asisti-

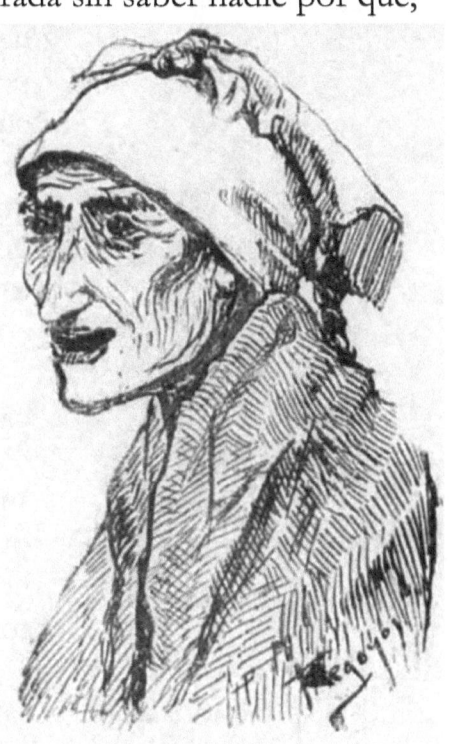

Vieja guipuzcoana

do a la agonía de Cristo! De repente se puso a tararear una canción lejana, pero cantada con aquel temblor de vejez y sus manos de un amarillento de madera no hicieron un movimiento apoyadas en sus rodillas. Parecía acordarse de algo triste que nadie más que ella podía saber.

Atravesamos paisajes con grandes reflejos de colinas verdes en el río que traían a la memoria cuadros de Courbet; otras veces se descubría el mar con *falaises* o con ro-cas formando dragones mons-truosos; marinas de Monet; después era un efecto de Rousseau o bien de Corot lo que aparecía. Pero por encima de todo se piensa en algo que no se ha pintado nunca; en el cuadro que cada uno lleva grabado en sí, original y fatal que persigue a cada paso y del que se ven fragmentos en cier-tos sitios, sea en aldeas, valles o costas.

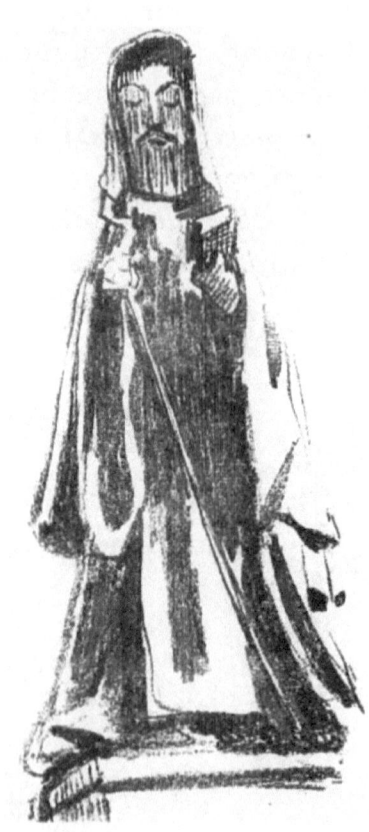

San Antonio de Guetaria

Los pueblos desfilaban; calles en que los tejados se dan como cornadas de borrego con sus canalones enfrente unos de otros; balcones que avanzan hacia la mitad de la calle con ropa secando como un festejo de colgaduras y banderas; puertas con clavos y aldabones, escudos tremendos cubierto alguno de paño negro en señal de luto como una cara vendada. Hojas de hiedra y flores en los balcones formando jardinillos de hierro carcomido por los años y el salitre; luego una iglesia color pimienta de Cayena y piedra pómez con el mar a sus pies. Llegábamos a Guetaria la vieja. ¡Cuántas iglesias de esas hemos visto por los rincones de nuestros viajes en la España apartada!

El pasado de esta última debió ser trágico al parecer. Su rosetón tenía piedras embutidas reemplazando vidrieras que faltaban y dejando abrirse apenas una lucerna por donde entraba una pequeña claridad. Por debajo del edificio a manera de túnel estrecho está la salida al muelle. El interior en estado ruinoso y obscuro como una mina. Mártires vestidos como maniquíes se adivinaban sobre los altares y una lamparilla sola, rojiza, ardía delante de un S. Antonio, silueta siniestra. Las columnas elevándose altísimas, las ojivas entrelazándose arriba y al ver la base enorme de la torre, aquella mole dedicada a santo tan pe-queño, produce gran impresión y asusta. Al exterior dos cam-panas verdes de bronce empe-zaron a tocar al ángelus mientras una lagartija se ocultaba como relámpago entre las piedras acri-billadas de agujeros en aquel muro que parecía hecho con esponjas.

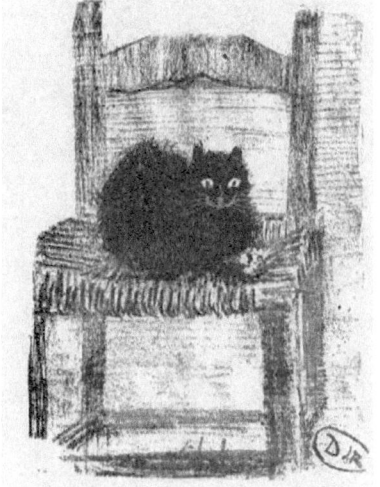

Los puertos de estas costas son gloriosos de suciedad y de abandono. En las calles se peinan las mujeres.

—Oh! qué cabellos se ven negros interminables! Se da de mamar a los niños y de las puertas obscuras salen gatos para roer huesos anacarados de merluza o de dorada en los montones de basura recibiendo al forastero con mirada terrible de gatos monteses no acostumbrados a ver gente.

Pero esta suciedad hay que perdonarla; vale más taparse la nariz y seguir adelante, porque gracias a la falta de cuidado se piensa poco en demoler, menos en modernizar y jamás en restaurar; todo tiene cierta poesía para el artista:

torrecillas truncadas, losas gastadas, goznes torcidos, la vejez en todo reinando siempre.

En el campo y aldeas es todavía mayor esta dislocación de cosas; ni tejas ni contra ventanas de los caseríos están en su sitio.

Los carros de ruedas planas sin rayos van tirados por bueyes. ¡Qué gusto da oír la música lejana de sus ejes para avisar la llegada en los caminos estrechos de que están horadados los montes! Gracias a este ruido un carro espera a otro para hacer el cruce en los apartaderos. Los dos bueyes unidos parecen formar un solo animal, los cuernos atados al yugo y pendiendo del testuz borlas de sangre como despojo de guerra, la cabeza avanzando.

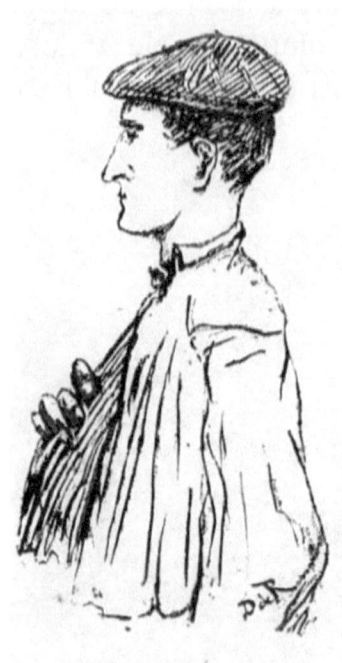

Tipo vascongado

En las tierras, mujeres de azul o de negro con ancho sombrero de paja segando el trigo; los hombres con la herramienta vascongada llamada *laya* trabajando la tierra a mano de manera tan primitiva, grandes pedazos de terreno que mete miedo ver faena tan dura. Los tipos puramente vascongados, pómulos poco salientes, nariz de águila, labios finos, barbilla afilada y la inseparable boina en la cabeza, esta, pequeña, enclavada en anchas espaldas. Movimientos discretos de brazos y la tez curtida por el sol.

Otro pueblo vimos caído como juego de bolos en la falda de un monte; cuando llegamos se celebraba en la iglesia destartalada el funeral por una difunta. Según la costumbre del país delante de cada mujer arrodillada, los carretes de cera ardiendo sobre paños negros extendidos en el suelo, iluminaban por debajo todas las cabezas; los pequeños cirios con su luz cruda destacaban las arrugas de aquellas caras inclinadas, las frentes lustrosas con mechones de pelo gris y las manos juntas teniendo los rosarios. Era una devoción imponente.

El suelo desaparecía bajo tantos bultos prosternados y negros.

Mil lucecitas en un altar alumbraban un Cristo flaco y huesudo con falda morada y corta. Inolvidable! aquel canto desigual y sin órgano que duraba horas; especie de súplica monótona, gutural, pesada, la voz del cura más triste aún que las del coro del pueblo.

Concluido el funeral cada uno apagó su cirio con los dedos mojados de saliva. Las mujeres por su lado desfilaron y el duelo compuesto de hombres solos con capas enormes acompañaron a la difunta al campo santo. Allí dos grandes cipreses como candeleros negros se destacaban sobre el mar. El terreno era con guijarros salpicado de cruces bajas; un rosal en un rincón y tablas de ataúd al lado de la puerta todavía con girones de paño y los clavos que habían estado bajo tierra.

En el depósito de trastos y herramientas de todo cementerio español entre pedazos de un sombrero deshecho y de botas con elásticos, vimos un montón de huesos al descubierto que era ni más ni menos que la fosa común con dos cajitas de niño vacías y casi enteras en primer término.

Los muertos en aquel pueblo no los tratan de una manera envidiable y la pala del sepulturero que se apercibía sobre unos terrones no estaría mucho en reposo. Me dijeron que cuando después de dos o tres años de enterrar a un pobre nadie paga por él, su cuerpo aún en estado de descomposición es allí donde viene a parar».

—Aquí el poeta empieza a exaltarse; dice que quiere ver los cementerios en todos los pueblos que visitemos y es curioso seguirle en su manera de ver nuestro país hasta llegar a crearse él una ESPAÑA NEGRA.

Aquel día después del entierro seguimos a los viejos de las capas que fueron a la casa de la difunta para rezar el Padre Nuestro por el alma del primero que había de morir entre los que allí estábamos presentes, como es costumbre hacerlo en el país Eúskaro, y miramos de refilón a la puerta de entrada, viendo en el fondo varias mujeres gordas y enlutadas dando el pésame a una que lloraba.

Así se acabó el día de impresiones tan extraordinarias para un artista que viene de Flandes y muy vulgares para nosotros que las vemos tan a menudo.

Regresando a la posada decía el belga abriendo ojos de espantado y mirando por encima de sus lentes: «En tu país la muerte debe hacerse du *bon sang;* en las iglesias la celebran como una gran Santa y en el cementerio la ceban como una glotona.»

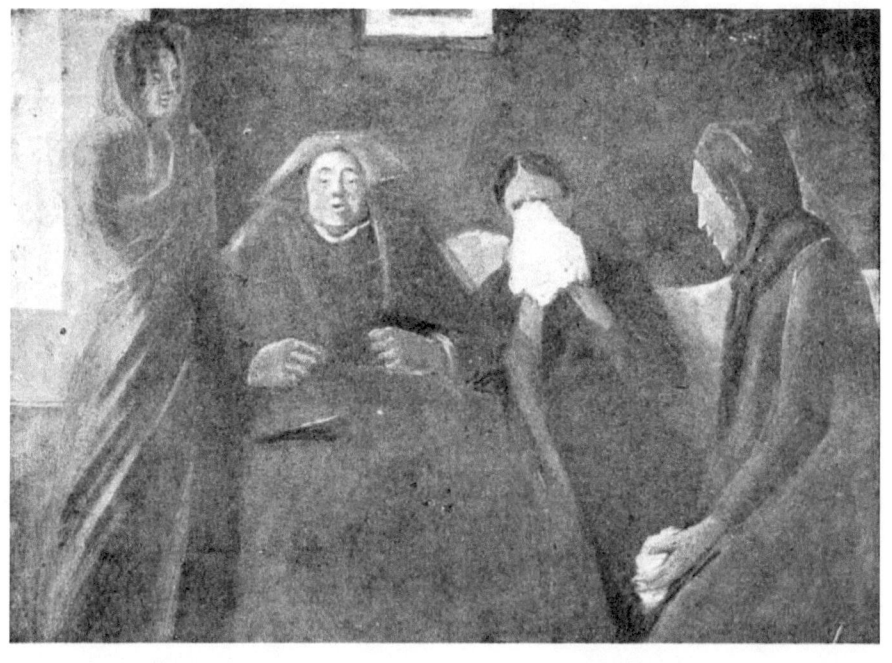

Visita de pésame

2. Aurresku de niños. Fiesta de San Juan en Tolosa. San Marcial en Vergara

Entrábamos dando latigazos a galope en una ciudad viejísima, sobre una roca y lejos de todo ferrocarril. Las campanas vibraron con fuerza y sobre las losas estrechas de la calle, en medio de un hormigueo negro de gente, veíase moverse las notas claras de vestidos azules, blancos y rosa; era un ballet de antiguas danzas euskaras o vascas.

A nuestra izquierda vimos la iglesia con la estatua del Santo Patrono encima del pórtico, engalanada con banderas; habían puesto una aureola de linternas alrededor del Santo y flores en grandes vasijas.

¿Quién era el santo? —San Juan Bautista, el más adorado, más festejado en todo Guipúzcoa.

¿Cómo era la estatua? —Un pedrusco hecho por algún escultor de aldea, uno de esos terribles creyentes que pareció entretenerse en torturar la piedra de una manera inocente, esculpiendo Cristos y Madonas. Allí se ven Nazarenos en cruz y Dolorosas en los que se destaca una espantosa tristeza, cuando no es metidos en altares negros es entre vidrieras de armario al resplandor de cirios o lamparillas y se graban en la memoria como obras maestras de salvajismo y de retorcimiento de dolor. El San Juan que habían adornado encima del pórtico, era de granito pintado. Colores chillando sus crudezas a los delicados oídos de las flores que alrededor estaban; la masa de piedra cortada a grandes golpes; la cara del Precursor enjuta, su torso atormentado por la vida austera, todo su cuerpo consumido y los ojos como abiertos por las apariciones terribles de su desierto.

El gentío que habíamos apercibido a la llegada se acercó a nosotros. Las notas claras que se movían entre la

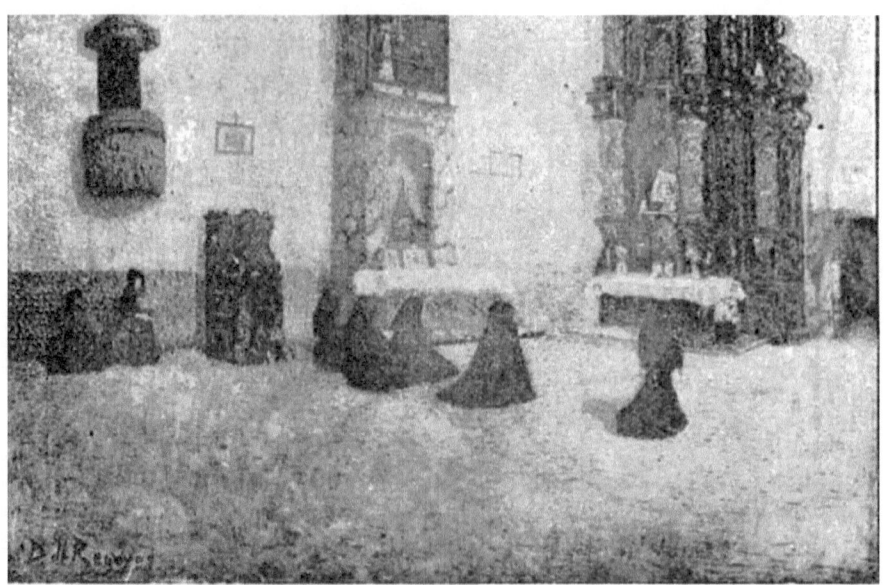

Altares en Guipúzcoa

la masa negra eran niños formando una cadena de pañuelos cogidos de mano en mano y el pequeñuelo de un extremo como una dama diminuta bailaba paseando por las calles una antigua danza llamada *aurresku*. Parábanse ante la casa del alcalde o la de algún noble que ostentaba su escudo sobre el muro. Allí una flauta y un tambor estrecho y largo tocan un aire que parece que descarrila y que pierde el compás para después volverlo a tomar; así me explicaron que tiene que ser el extraño ritmo de la música vascongada. Los dos instrumentos parece que riñen entre silbidos y redobles de tamboril, pero sin reñir nunca de veras. Los dos niños de los extremos de la columna son los únicos que bailan o más bien saltan haciendo piruetas con gran seriedad, casi con aspecto triste, entrelazando los pies en el aire como una bailarina. Estos son los dos sobre los que cae toda la responsabilidad de la danza y los que conducen a los demás. En esta antigua ciudad, entre obscuridad de palacios caídos y torres en ruina, toda la gente prestaba atención en el pequeño ser lleno de vida a quien tocaba bailar delante de la iglesia negra. Terminado el baile se sirvió la merienda a aquella pequeña comparsa, al aire libre sobre unas ruinas.

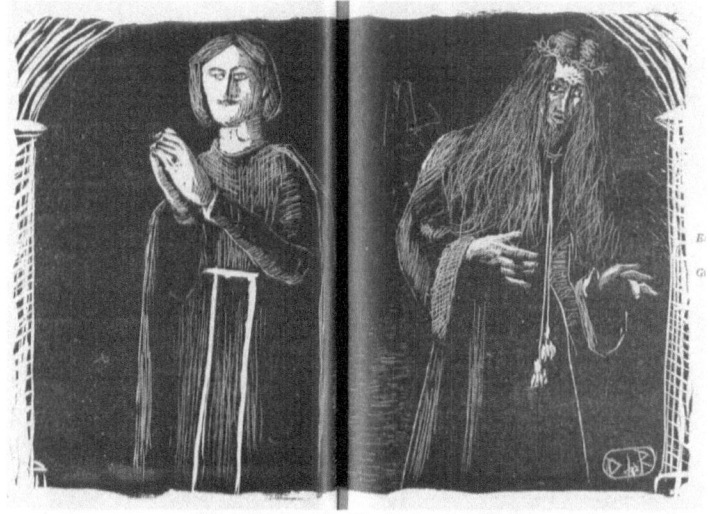

Esculturas de Guipúzcoa (Boj)

La comida se componía de pirámides de frutas, montañas de sorbetes, fuentes de limonada.

Pero todo esto tuvimos que dejarlo porque habíamos resuelto pasar la fiesta de San Juan en Tolosa y dejamos aquellas alturas para bajar a esta antigua capital de Guipúzcoa.

Durante el viaje en diligencia al oscurecer se alumbraron grandes hogueras en los montes por ser la víspera del gran día que en Guipúzcoa parece ser que le honran en todos sus pueblos con estos simulacros de incendio. Vistos desde el valle abajo parecían cabelleras rubias aquellas llamas en desorden y con un poco de imaginación podrían tomarse las estrellas que brillaban alrededor por soberbios alfileres de aquellas melenas despeinadas.

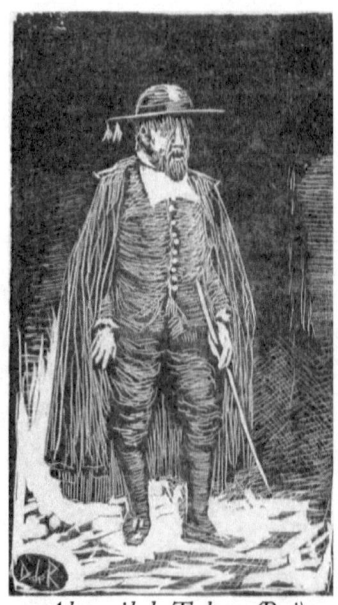

Alguacil de Tolosa (Boj)

La población iluminada con faroles y tiroteo de petardos apareció bien pronto.

Las jotas y fandango llamado *ariñ-ariñ* duraron hasta tarde, pero no siendo esto más que una pequeña preparación para la fiesta del día siguiente, resolvimos acostarnos temprano en el parador de diligencias.

¡Oh! qué noche de ruidos y qué madrugada de tin-tan y

talán-talán; qué campaneo de campanas nos hizo saltar de la cama al día siguiente traspasándonos la cabeza toda la mañana con su sonido duro! ¡Qué bordoneo que nos rompía el tímpano con su tin-tan y talán-talán con el campaneo de campanas!

La procesión tuvo lugar. Inmediatamente nuestras miradas fueron para las esculturas de Santos; los pasos que salían aquel día se puede decir de sus cavernas.

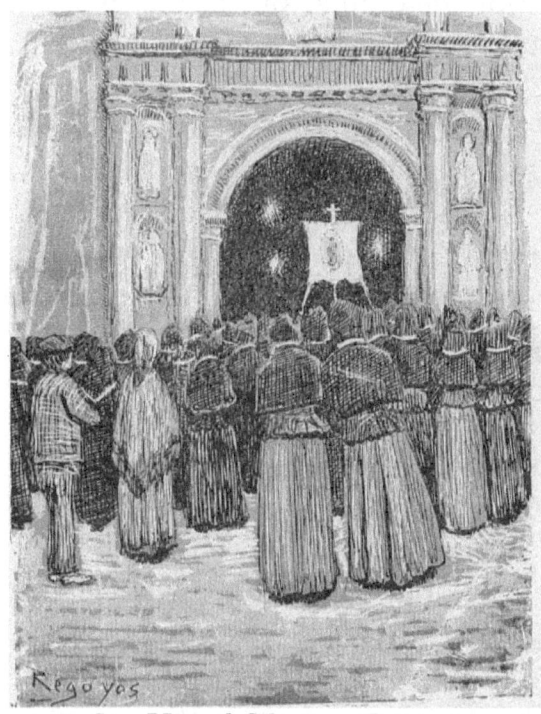

Las Hijas de María en Guipúcoa

Es que en realidad estas imágenes están talladas con arte latronesco y bárbaro. Desproporcionadas, patizambas, groseramente modeladas y sin embargo soberbias. De expresión torpe ¡pero qué penetrante!

El rezar cara a cara con estos Santos y Nazarenos debe hacer reír o alucinar. Así se comprende el magnetismo que puede causar la mirada de ellos en ciertas capillas sombrías. Desgraciadamente ya invaden el país las esculturas modernas a la francesa, insípidas imágenes de confitería.

Después de cordón interminable de viejos con cirios y cofradías llegaron los curas y dominando aquel grupo sobresalía dorada y reluciente la custodia. Detrás el alcalde con el junco enroscado[5] y cerrando el cortejo los alguaciles con el traje del siglo XVII y dos maceros con dalmática del encarnado propio de diputación, las mazas al hombro.

Y durante esta hora de manifestación religiosa siempre el mismo campaneo de campanas, entonces más numerosas, repicando más a rebato, las pequeñas, las grandes y toda la calderería amotinada. Ni una sola sonoridad de bronce larga y profunda sino una cacofonía discordante, una disciplina de martillazos rompiendo con sus hierros el tímpano. Por la tarde el alcalde y los concejales acompañados de curas van a vísperas y un grupo de mozos vestidos de blanco, boina encarnada y ancha faja, esperan en la puerta formando un arco con bastones o *makilas* y espadas de madera para dejar paso al concejo. Son los *espatadantzaris* que van bailando por las calles las danzas vascas a la antigua usanza, abriéndose así el paso hasta llegar a la plaza de rigor, donde se ha de celebrar la corrida de novillos que engalanada con banderas ya está atestada de mujeres en los balcones y convertidos estos en palcos y sobre tendidos improvisados un gentío de mil colores.

¿Para qué describir una corrida de toros que es ya cosa tan vulgar?

Nos contentaremos diciendo que los curas asistieron con el alcalde que presidía la corrida y que todos siguieron al anochecer hasta una alameda oscura donde presenciaron

---

[5] Este es el símbolo de mando que usan los alcaldes en Guipúzcoa.

los bailes antiguos Eúskaros. Que las fiestas vascongadas tienen un carácter tétrico por mucha alegría que se les quiera dar. La dominante negra en los trajes, la seriedad de los bailes y cantos, el paisaje y aquel cortejo de alcaldes y curas presenciando los bailes como un duelo, estos últimos en una postura que siempre es la misma, como pájaros en reposo, que recuerda la de las águilas enjauladas.

Y todo esto reunido hace ver bien claro el carácter fúnebre que se descubre en esta fiesta española.»

Después describe el artista belga otras cosas menos tétricas, pero aquel día más en sus ideas de que ESPAÑA ERA NEGRA, preguntome detalles sobre la Semana Santa en Guipúzcoa. Sin exagerar le dije que entonces era la buena época para hacer artículos sobre este país *carlista* como él lo llamaba y le conté como pude impresiones de un Jueves Santo en Azpeitia después de oír un miserere de Gorriti, música seria algo alemana, y un sermón larguísimo. La guardia civil de gala como sargentos Federicos de rojo y esperando bajo los arcos de la iglesia el momento solemne de la procesión, con caras aburridas y con los fusiles puestos a la funerala, cosa desconocida en el país de mi amigo. El tiempo, de lluvia fina *shíri-miri*, como dicen en las provincias, polvillo de lluvia que duró todo el día. Luego la calle principal embutida por la procesión y la larga fila de hijas de María con mantillas negras y la cinta de sierva puesta al cuello. La gran masa entrando en la iglesia, siguiendo su estandarte.

Las otras callejuelas que no forman parte de la carrera, sin un ser viviente en aquellas horas; una soledad que oprime como domingo en Londres.

Los pasos de Azpeitia, uno sobre todo con un letrero que dice: *«Cristo padesió por pecadores sinco mil asotes»* son de más carácter que los de Tolosa, le dije: es una escultura más *barbare* como él la llama; una talla donde hay más hachazos que otra cosa.

¡Oh! ¡quién pudiera venir a España en esa época! me decía.

Le expliqué lo imponente que era el silencioso cuarto de los Santos después de una procesión, donde los atriles y las cajas de violines viejos están como ataúdes amontonados con los Santos entre olores a humedad y a aire viciado de larga ceremonia eclesiástica.

Le pinté la tristeza que se respira en aquellos días en esos pueblos tan distintos a los de su país y la imposibilidad de divertirse para los que no son creyentes, pues si buscan distracción en los círculos se encuentran que no hay tresillo ni piano abierto y encima de las mesas de billar se ve una gran cruz echada que forman con los tacos, indicando con las bolas los sitios donde se clavaron los clavos y con los palillos sobre el INRl una corona de espinas mal imitada. Todo esto en señal de luto para impedir que se toque a los tacos durante los días de Semana Santa.

«Nom d'une pepette comme je voudrais venir» decía, y rogándome le contara más cosas le dije, que el Viernes Santo en Oñate es también de gran carácter. La iglesia estaba tan oscura cuando yo la vi que casi había que ir a tierras y solamente un rayo de luz caía, como hecho apropósito, sobre el Altar Mayor, resultando el Cristo y la Dolorosa muy en alto sobre unas gradas llenas de chiquillos y el rayo aquel de la lucerna caía para alumbrar la aparición como único punto luminoso entre la masa negra del pueblo en tinieblas.

La procesión es una de las más hermosas que vi en España. Los niños de las escuelas esperan de rodillas formando cordón en la ancha plaza de edificios antiguos con el gran morado del monte Aitzgorri dominando allá en el fondo.

¡Oh nom d'une pepette, nom d'une pepette! repetía.

A pesar de no ser Semana Santa no quiso dejar Guipúzcoa sin ver Loyola y Azpeitia.

Como hombre del Norte acostumbrado a las catedrales góticas no le entusiasmó nada el estilo barroco que él llamaba *rococó* que domina en Loyola, preocupándole únicamente los curas que por allí van y vienen, siempre en la misma postura que los de Tolosa es decir, *de pájaro en reposo*; la mano derecha dentro del puño izquierdo, la otra en el puño derecho, que parece que un brazo es la continuación del otro.

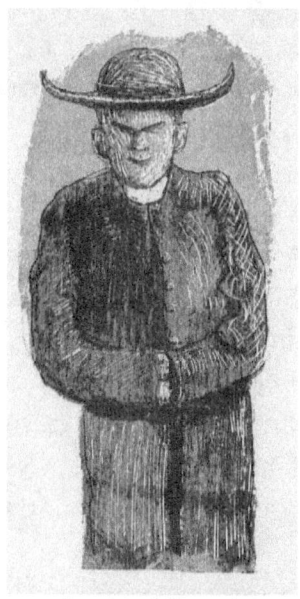

Jesuita de Loyola

No dando importancia a sus artículos de impresiones de España para *l'Art Moderne,* periódico de Bruselas, se metió el poeta en su poesía; entonces estaba acabando su libro *«Les Debácles»* donde hay algunos trozos inspirados en nuestro país, trozos tristes, por supuesto.

Hablaba poco y observaba mucho sacando partido de cosas que a nosotros no nos chocan por ser españoles.

Llegó a distinguir los toques de entierro, de párvulo, de salida de viático y aun el de agonía, esas cinco campanadas que seguidas de un silencio anuncian en Guipúzcoa cuando alguien se muere.

Le chocaban estas cosas y era natural que le chocasen. Ya sabemos que hay que tocar a muerto, pero ¿para qué anunciar el momento crítico de la agonía? ¿No son estas cosas propias de un país que es amigo de la muerte?

Fuimos a la fiesta de San Marcial de Vergara en el tren juguete que sube y baja como montaña rusa, llegando la víspera, día de San Pedro que ya festejan este día con banderas en la torre, gran campaneo de calderas como las de Tolosa y lo más chocante con cuatro cirios ardiendo en el pórtico de aquella parroquia.

Lo mejor del pueblo se ve desde fuera y es el panorama con el Campo Santo entre prados en medio del valle, cuya capilla vista de lejos hace pensar en esos cofrecillos antiguos de reliquias y los paisajes en ciertos fondos de cuadros primitivos. Pero el pueblo con sus torres de estilo barroco y casas solariegas, hace abandonar esta idea y se tiene nostalgia de líneas góticas, pensando lo bien que armonizarían con el carácter serio de estos pueblos y en estos valles grises, algunas torres caladas de un arte gótico bien puro.

Aquel día hubo títeres en la plaza entre Vergareses de perfiles largos y afilados como sables, hubo también *iridiarena* con silbo y tamboril; pero en medio de tanta diversión, al oscurecer volvimos a ver los cirios encendidos en el pórtico de San Pedro llamando a la gente a la salve. Al día siguiente es la romería en la ermita de San Marcial a la que se llega por entre vía-crucis y bosques espesos. La capilla está oculta entre grandes castaños, no viéndose más que humos azules que parece que todo el bosque está incendiado. Son las hogueras para las meriendas. Las comilonas al aire libre no podían extrañar nada al que está acostumbrado en Flandes a ver los cuadros de Teniers al natural. Por todas partes se tropieza con mesas y cazuelas algunas de estas demasiado pequeñas para tan grandes jigotes y en medio de tanta diversión había cosas que entraban en el orden de ideas negras de nuestro artista. Los cantos vascongados que se cantan por grupos al regreso hacia la villa son capaces de entristecer a cualquiera, más aún cantados en tono de *pítimas* de sidra, que son siempre tan tristonas. El baile se acaba temprano y los últimos resoplidos del flautista que no puede ya más son hacia las nueve de la noche en la plaza. A esta hora en que empiezan a divertirse en otras provincias de España todos se retiran allí y vuelve a reinar el silencio de todo el año, contrastando con la soledad de aldea la iluminación de faroles en los grandes edificios de piedra; palacios nobles que alquilados cuestan cinco o seis reales diarios.

El fin de fiesta no podía ser más triste y entre todos los recuerdos el que quedaba más impreso eran los cuatro cirios ardiendo bajo el pórtico de la torre ocre.

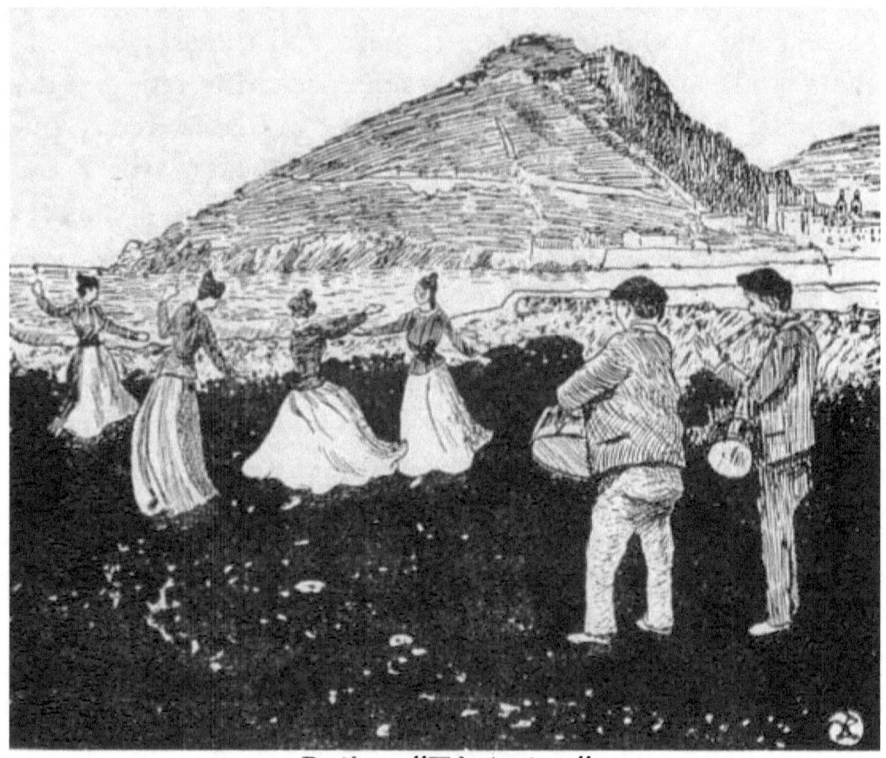

Baile en "El Antiguo"

3. IMPRESIONES DE VERANO EN GUIPÚZCOA

Si la pluma de un pintor pudiera ir con la del gran poeta flamenco describiría la vida que hacíamos en San Sebastián, huyendo del paseo y de los bailes del casino que no eran para nuestros gustos, explicando detalladamente nuestras conversaciones y correrías por los pueblecillos vascongados; pero ¿cómo no meter la pata en literatura? Limitémonos a las sensaciones de pintor aunque se vea en ellas un estilo pobre de pluma torpe.

El objeto es seguir los progresos de la visión tétrica que nuestro artista se formó sobre España y que si algunas veces la encontraran exagerada no deja de encerrar mucha verdad, sobre todo el capítulo titulado España Negra que es su último artículo enviado a *«l'Art Moderne»* hablando *de la funeraria,* del Museo del Prado y del sitio de El Escorial.

Aquel me decidió a reunir todas sus notas sobre España, pero es preciso antes explicar el viaje que motivó dicho artículo.

Diré que el belga era el mejor hombre para sacudir del embrutecimiento que da la vida de provincia, obligando a uno a visitar hasta las sidrerías para conocer sus impresiones.

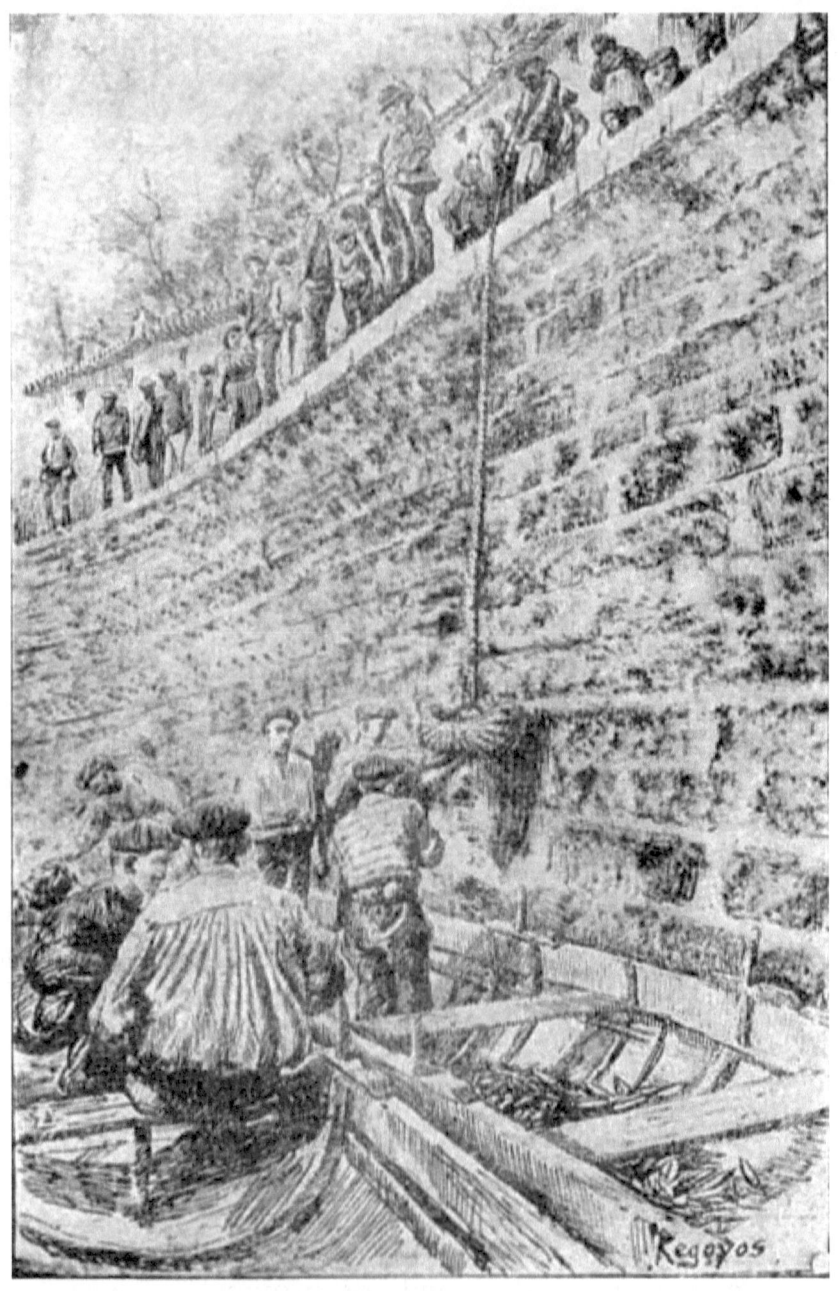

Pescadores de sardinas

El baile de los domingos en la playa llamada de *El Antiguo* debiendo ser vulgar para el que lo ve muy a menudo me parecía sensación nueva por las observaciones del hombre que viene de Flandes y compara los bailes sensuales de sus paisanos en las *Kermesses* flamencas con la sencillez de las donostiarras bailando sin hombres, que eso sí que causaría risa en Flandes; sobre todo la seriedad de las mujeres, la distancia de las parejas sin tocarse y sus movimientos discretos de brazos era lo que a él más le extrañaba.

Si la línea alegre es en pintura la que tiende a subir y la triste la que cae o va hacia abajo, en estos bailes vascongados se puede decir que hay más líneas tristes que alegres en las formadas por los brazos en movimiento. Y por esa falta de alegría tenía que gustarle al hombre de ideas algo tristes.

Cuando la sombra de los montes se iba extendiendo y que el último rayo alumbraba aún en el castillo de la Mota iba a empezar la hora interesante de armonías pictóricas sin crudezas; entonces nos instalábamos se puede decir para escribir los dos, pues el pintor a esa hora hermosa tiene la desgracia de no poder utilizar una sesión larga de pintura por lo poco que dura la luz;. y siendo así ¿cómo ha de trabajar sino escribiendo notas de aquel efecto que se va?

Mirábamos girar las sayas y moverse las cabezas, los moños por encima de la línea del mar y los tamborileros, flaco el uno como con hambre de tragarse el silbo, y gordo el otro redoblando hasta que llegaba la noche.

Nuestros paseos en S. Sebastián eran casi siempre por el lado del mar. Si dominábamos este desde el castillo de la Mota por la tarde, veíamos el regreso de las lanchas de pesca; mirando hacia Francia eran las velas de diferentes blancos según la distancia y dispuestas en escala como notas de música, las lejanas de un blanco sucio y fundidas con el gran azul; las más cercanas de blancura planchada como inmensos cisnes de Lohengrin, pero dominadas por

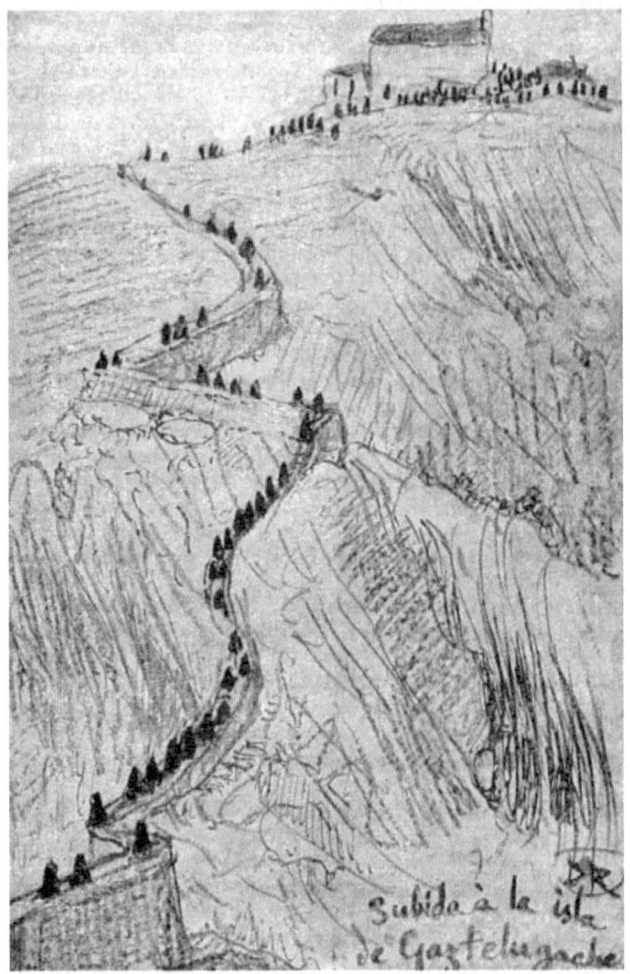

Peregrinación en el Cabo Machichaco

otro blanco aún más potente, el de las olas rompiéndose abajo en las rocas y espumando entre el verde vidrioso del agua su complementario de nieve rosa.

Mirando a Vizcaya todo cambiaba; el crepúsculo reflejándose brutalmente en el mar, convertía la línea obscura de horizonte en campo de ajenjo cortado por los montes de Machichaco y la gran masa azul en reluciente chillería impintable de luces metálicas. Los barcos también cambiaban de color y las velas que antes eran claras se convertían ahora en siluetas negras entrando en el agua reluciente a contraluz.

Seguíamos con los ojos desde la tierra los lanchones para ver la llegada del pescado, bajando al muelle donde un artista nunca se aburre; allí hay marinas que vistas al través de las redes puestas a secar forman telones extraños como cuadros de pintura *pointillée* o puntista. Entre todas las distracciones se va uno principalmente a los pescadores que vienen en sus lanchas dominando la masa de sardina como cargamento de plata, a las mujeres que esperan sus hombres de mar y a otras mil faenas de marineros con las cuales se puede hacer un arte de puertos con asuntos muy variados.

Así esperando que la sartén de Madrid no achicharrara para ir a estudiar el museo del Prado, las excursiones por Guipúzcoa se repetían.

Del San Juan Bautista de Tolosa pasamos al San Juan Degollado en el cabo de Machichaco, fiesta muy curiosa en una isla llamada Gaztelugache separada de aquel cabo por un puente. En lo alto de la peña hay una ermita donde todos los años hacen una peregrinación mezcla de religiosa y divertida.

La parte divertida está en el lado de Machichaco, viéndose de allí el peñón de los fieles en conjunto; una reunión de gente lo cubre formando un sendero de grandes revueltas que termina en la ermita. Si esta gente se moviera podría hacerse la comparación tan conocida de hormigueo y camino de hormigas; pero son puntos quietos y muy negros; son mujeres arrodilladas con mantillas y parece que rezan. Nos dijeron que se arrastraban de rodillas a paso de tortuga por aquel penoso calvario, pero desde allí no lo creímos pareciéndonos que estaban quietas. La gente que no es devota se queda en esta romería del cabo y se pone bueno el cuerpo de comilona y bailoteo debajo de los grandes castaños, durando la fiesta hasta la noche que bajan a Bermeo o Baquio bailando siempre y bebiendo chacolí.

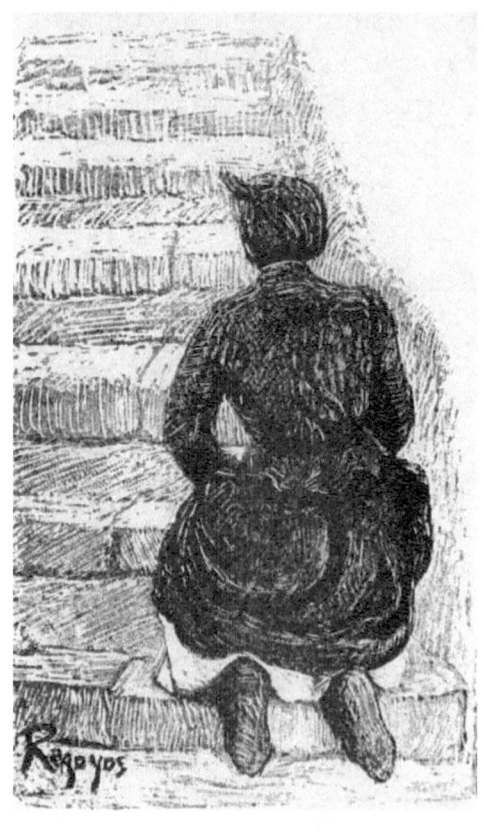

La parte religiosa y triste se encuentra en las mujeres que suben a la isla; el martirio de esta ascensión no se comprende hasta verlo de cerca; algunas van vestidas con el hábito que da a las españolas el carácter de penitentes; los niños de negro o morado con la fúnebre armonía de coronas amarillas en la cabeza cumplen también las promesas de sus madres. Entonces el que va allí como curioso ve el contraste de aquellos tristes que se martirizan con los que se emborrachan en la romería y aún para el que no es creyente los arrodillados resultan admirables.

Esta fiesta era bastante para dar la visión de una *España Negra* en que la alegría va mezclada con la penitencia; se diría que era rebuscada y fuera de lo ordinario; pero estaba de Dios que sin querer nosotros la escena de nuestro país se había de arreglar a cada paso de una manera trágica y a favor de Verhaeren.

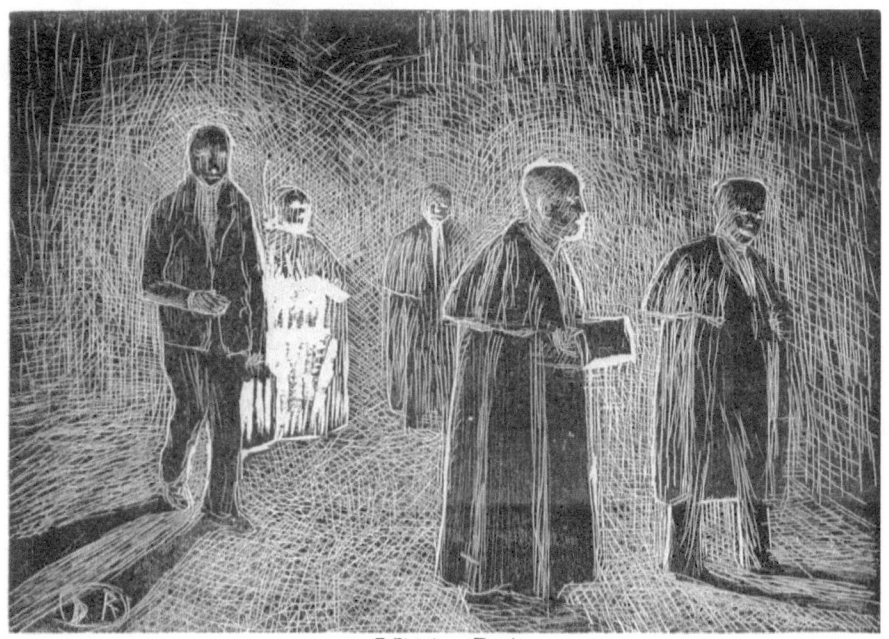

Viático (Boj)

Una noche paseando por el boulevard de S. Sebastián vino a sorprendernos allí un Viático y como es natural en España la banda dejó una sinfonía de Beethoven por la marcha real española; todas las mujeres en gran toilette cesaron de dar vueltas a la «noria» (así llamada por su rutinario modo de pasear) y se arrodillaron, como también los hombres. Entonces el poeta aunque ya había visto el Viático en España quedó más asombrado que nunca; su emoción fue grandísima; sirvió de acompañamiento hasta la casa del enfermo, esperó en la puerta y regresó a la iglesia exclamando al separarse de los viejos que llevaban los cirios:

«¿Cómo tienen tanto poder esa campanillita y esas velas

encendidas? En mi país se lleva el *Bon Dieu* en el bolsillo sin que lo sepa la gente». En su cerebro bullía más la *España* severa que él se había forjado.

Por fin dejamos San Sebastián empezando el viaje con un gitano que iba a la feria de Pamplona y en él fijaba la atención mi amigo de tal manera que no miraba el camino, despreciando el paisaje creyendo que lo tendría este hasta Madrid. No sabía que subiendo a los altos páramos del centro de España, que pudiéramos llamar nuestras Pampas ya sea el pueblo Tafalla, Burgos, Madrid, Teruel, Coria, etc., etc. todo es lo mismo, el desierto... y hay que despedirse del color verde y de las frescuras del paisaje en general. Él buscaba un país triste, pero bien triste iba a ser todo; el campo se tenía que convertir en cadavérico paisaje y a él, hombre nacido entre las praderas rubias de Flandes y bajo grises aterciopelados, sin durezas ni tonos brutales, tenía que hacerle más efecto que a otro cualquiera el aspecto de los pueblos del mismo color de hueso que las caras de la gente, la aridez en todo, el clima implacable.

Para pintar aquellos campos parece que hace falta una nota de luz que sirva de dominante como el último rayo de sol rojizo o anaranjado que forme sus complementarios u oposiciones azules, y si es en invierno una luz solar algo eléctrica de un amarillo limón con sus complementarios violáceas. Hace falta en fin una luz de tinta muy marcada que haga cantar el conjunto entonando aquellos pardos incoloros y muertos. No siendo así Castilla es antipictórica, sin sol, porque no dice nada; todo es de coloración neutra y con sol elevado porque la paleta es impotente para reproducir aquellas vibraciones de luz tan brutal y tan blanca.

Habíamos formado un itinerario hasta Madrid con paradas en sitios artísticos. Para ver bien un país había que visitar los pueblos pequeños y para conocer los tipos interesantes era necesario viajar en 3ª. Así lo hicimos al salir de Guipúzcoa.

En Alsasua todo cambia viniendo de Guipúzcoa. Allí empieza la tragedia del paisaje cuyos montes cuadrados en forma de mesetas hizo muy bien Verhaeren en comparar a grandes catafalcos de paño negro. Los personajes de aquel teatro son también otros tipos opuestos a los guipuzcoanos y de traje más pobretón que los de Zumárraga a tan poca

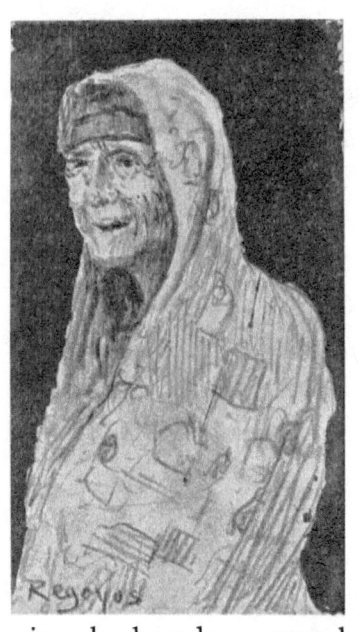

distancia de allí. La diferencia de líneas de la distinguida raza vasca y la castellana es tan grande hasta en los mendigos que sabría uno diferenciarlos desnudos. Una vieja vimos en la que se reflejaban las miserias del país seco, de cerros pelados; en su cara pajiza y descompuesta se veían los colores de aquellos desiertos y las huellas de la vida de sufrimientos en tan duro clima. Sus arrugas conservaban la misma contracción sin duda de muchos años como sujeta por un resorte de tanto guiñar los ojos, luchando contra la luz fuerte; ese visaje que queda fijo en la gente que vive al sol envejeciéndola antes de tiempo.

Entramos en las arideces de España por el valle de *Catafalcos* como había bautizado el poeta al Araquil, dirigiéndonos a Pamplona a la fiesta de San Fermín chico.

Dejemos ahora hablar al belga describiendo el gitano compañero de viaje, personaje con guitarra y de gran carácter. Aquel dice así: «En un vagón de 3ª camino de Pamplona *espatarrao* sobre el banco del coche enfrente de nosotros, la boca entreabierta, retorcía un pitillo con movimientos bruscos y fumaba mirando por la ventanilla, abstraído, su alma a cien leguas. Dos mechones de pelo ensortijado cubrían sus sienes; los pómulos como puños, barbeta como un codo pero con pelos como patas, picado de viruelas y con una cuchillada que por añadidura le cruzaba la cara. Soberbio tipo de fealdad ruda y fuerte con una costra más bien que una piel en su cara.

En una estación de pueblo navarro quedó vacío su compartimento y desde el nuestro le vimos acurrucarse en un rincón y sacar de debajo del asiento un guitarrín colorado, malo e incompleto de cuerdas; se puso a cantar bajito una malagueña con voz gangosa y aunque cantaba para él se oyeron en la copla las palabras *muerte, sangre*, que son de cajón en los cantos andaluces y su canción le hacía soñar, indiferente a los que le mirábamos. No separando la vista de él no sé por qué no le declaramos la admiración que nos causaba. Hubiéramos querido unir nuestro viaje al suyo, a su vida canalla de vago yendo y viniendo por todos los caminos. Por qué no conocer su vida y disfrutar de ella?»

Más tarde supimos que iba a comprar los caballos muertos de la corrida para explotar la manteca y la piel. Este hallazgo de un matón, de un sacamantecas como compañero de viaje tenía que figurar en los artículos del *Art Moderne*.

Era el hombre a propósito para nuestro belga, el que tenía que salir varias veces a nuestro encuentro en la fiesta de Pamplona. Esta era la de *San Fermín el chico* como dejo dicho y que nada tiene que ver con el *grande*, donde teníamos que ver una corrida de toros y como en la otra fiesta era de rigor asistir al encierro de toros en la calle de la Estafeta que es célebre por este motivo. Tomamos posesión de un mal cuarto como es costumbre hacer este día con tal de tener balcón a la calle de la Estafeta para la madrugada y mientras al acostarnos veíamos por las puertas de vidrieras hombres y mujeres desnudándose en los dormitorios, pensábamos la noche que íbamos a pasar de martirio sobre colchones por el suelo esperando la recompensa del día siguiente.

4. San Fermín Chico en Pamplona

El despertar en la calle de la Estafeta para el que consigue dormir aquella noche no se parece al de ningún país. Toda la noche cantan los borrachos, roncan los huéspedes tumbados por el suelo en cama redonda, y entre pitos y gaitas del Roncal, tocando aires pastoriles de montaña y las murgas que ya a las cinco empiezan a alborotar la población, se pasa la noche alegremente figurándose uno que ha dormido.

A las seis debe pasar el ganado, pero siempre se retrasan los que lo conducen y algunos chicos se divierten en hacer el despejo de la calle, dando sustos con un cencerro para hacer creer que llegan los toros. Las travesías de esta calle tapadas con barreras obligan al ganado a caminar derecho hacia la plaza. Al llegar el momento solemne la gente se mete en los portales subiéndose algunos a las rejas y el ganado pasa como un rebaño de borregos, pareciendo imposible que para tan poca cosa haya gente que repita el bromazo de la mala noche y lo hagan con el mismo entusiasmo todos los años. Para esto se necesita únicamente ser pamplonés.

Lo más extraño de esta fiesta matinal son las carreras de la gente inmediatamente después de pasar el ganado, yendo todos a la plaza que está abierta al público; las mujeres saltan de la cama sin peinar y de trapillo, cosa rara en españolas; en el redondel se hace el apartado, corriéndose de paso algún novillo para los aficionados y hasta uno de puntas se lidió aquella mañana que bien pronto se encargó de sacar a relucir las tripas a un caballo. Por la mañana no habiendo aún almorzado era este espectáculo más repugnante que en una corrida de por la tarde.

Creí que el belga se asustaría como la mayor parte de los extranjeros; pero muy al contrario, se ponía loco de entusiasmo, diciendo que eso era lo hermoso de las corridas; aplaudía más a los picadores vencidos por el toro y al jamelgo ensartado, que a una buena pica, quedando el caballo sano y salvo. Su placer era la parte cruel de la fiesta: la sangre y los caballos patas arriba. Si hubiera nacido en España creo que sería de los que empeñan el colchón para ir a los toros.

Decididamente era difícil hacerle ver España a través de las niñas bonitas ni de la alegría del cielo; detrás de aquella luz fuerte siempre encontraba un alma negra de todas las cosas, algo de triste o *navrant*, siendo esta palabra la que él repetía a continuación de cualquiera de sus impresiones.

Si alguna mujer le entusiasmaba era seguramente una viuda de las que tanto carácter tienen en nuestro país por lo misteriosamente enlutadas, casi como personajes de inquisición cuando llevan el velo caído, pero en cambio cuando descubren la cara encuadrada en el negro es la silueta más admirable que pueda soñar un pintor; el traje que mejor cuadra a la mujer española precisamente, porque el negro no es color; porque favorece a las pálidas y evita las horribles combinaciones de colorines producidas por el mal gusto. Una vimos que según leía los carteles de orden de pagos de clases pasivas, quedó grabada en nuestra memoria como *madona* escapada de un tríptico de pintura española; una de esas como hay tantas en provincias que se quedan viudas para siempre, sin intentar otra vez casarse; que van en fin mucho a la iglesia no abandonando nunca su traje de dolorosa.

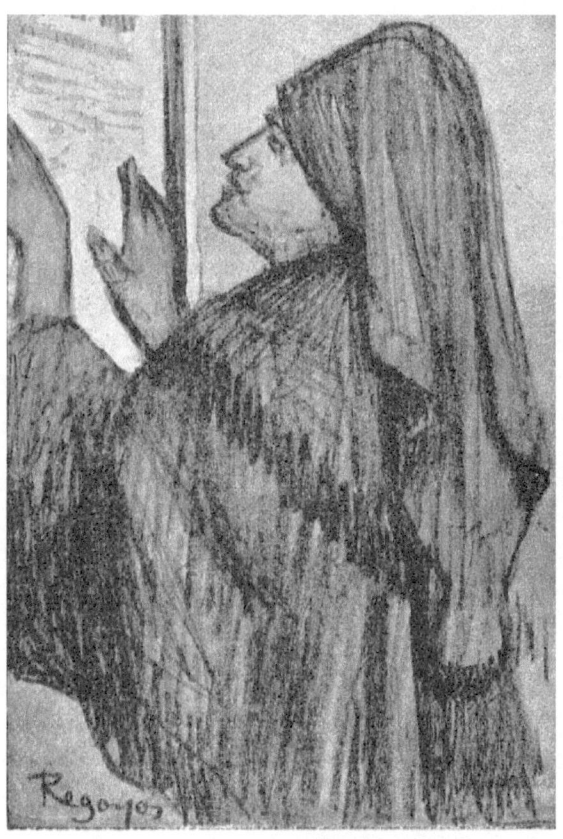

Viuda Española

El día de cobrar la viudedad es el gran día en que calma sus penas la España del garbanzo: ¡cuántas veces se adelantan antes del día fijado para cobrar y se ven chasqueadas amargamente!

Después de asistir a la corrida de aquel día, seguimos al gitano compañero de viaje de la víspera, y que habíamos estado observando toda la tarde en la barrera. Aquel tipo auténtico del barrio de Triana de Sevilla, el que venía a comprar caballos muertos para extraer la manteca, parecía que llevaba el oficio en su cara acuchillada; iba acompañado de una gitana negra como una mora y se metieron por la puerta del arrastre.

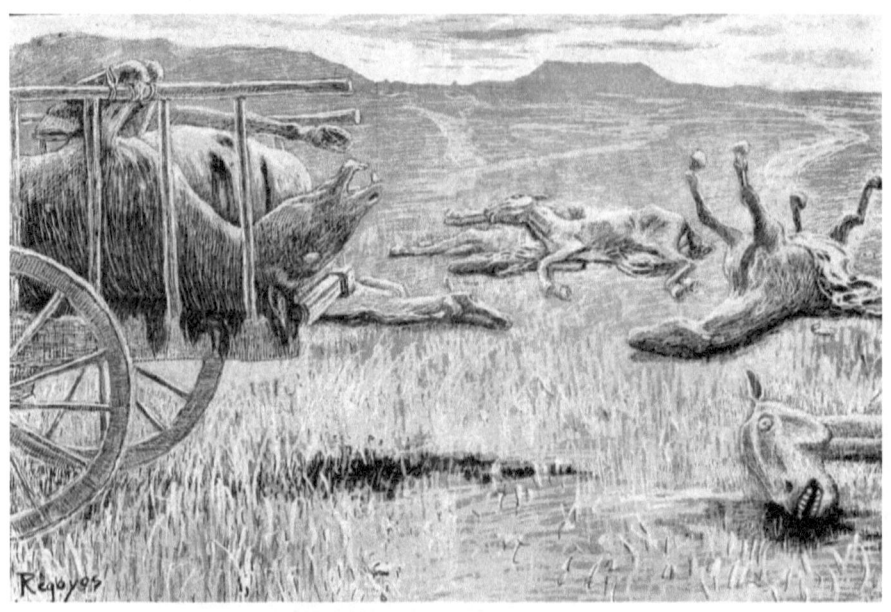

Víctimas de la fiesta

Esta pareja tenía que interesar por fuerza al belga; sobre todo el gitano, era el personaje único para colocarlo en aquellos cuadros de *carnicería* hechos para asustar a mi amigo. En la corrida era el que gritaba con más furia al presidente pidiendo caballos; quien arrancaba las banderillas con más crueldad al toro que saltaba la barrera; en el patio de los caballos o enfrente del puesto de carne de toro parecía un traidor del melodrama que allí se representaba.

Si el pintor Delacroix hubiese asistido a la fiesta, aquel

tipo y un caballo atado a un carro en postura de suplicio hubieran sido sus modelos para algún cuadro trágico de los que el artista francés sabía componer de modo tan personal.

Allí parecía bien el matón entre los caballos y aunque no estuviera cuchillo en mano y solamente de mirón, resultaba para el belga el verdugo y autor de tanta *carnicería*.

Los chicos daban patadas o tiraban de la cola a los muertos del montón por ver si se levantaba algún penco, cerciorarse bien si no había alguno vivo; otros apretaban las heridas para hacer salir la sangre.

—Cosas de chicos —le dije:

Y Verhaeren añadía: «cosas de España», convencido de que los granujas flamencos no harían eso en el matadero de Bruselas. Los miraba como futura gente cruel y no quiso salir de allí sin seguir a uno de los carros que bien pronto arrancó del patio; era el del caballo que nos gustaba, artísticamente hablando; el de la postura de suplicio, las patas trabadas hacia arriba, con la boca abierta y entre los dientes blancos la lengua morada.

«El carro de Delacroix» llegó en cinco minutos a su destino, fuera de las fortificaciones, parándose en una casita, delante de un nuevo montón de víctimas de la fiesta. Allí era donde los cocían en caldera para sacar el sebo y arrancarles la piel antes de enterrarlos.

Pero ya era tarde para esta faena y habían decidido dejarlos amontonados para el día siguiente.

Entonces vimos el verdadero cuadro que Delacroix hubiera pintado; su caballo siempre atado al carro quedaba en un campo desierto, de luz crepuscular con sus compañeros por el suelo, pero dominando aquel en primer término y en postura más violenta que los otros, pareciendo que debía sufrir más que ellos y que allí pediría auxilio toda la noche.

En Pamplona había una fiesta nocturna y nosotros, huyendo del paseo rutinario que allí llaman *la Taconera*, salimos a las afueras.

Describiendo el belga aquella noche de grandes impresiones decía en su artículo:

«Después de los fuegos artificiales en la plaza nos fuimos lejos de la música hasta terminar en el foso de la fortificación. Los ruidos de la fiesta a lo lejos unidos con los de un molino de agua que teníamos cerca nos parecían muy tristes.

En aquella noche caliente y seca, las estrellas, como puntos duros de luz, parecían chispas pegadas a las paredes de un horno.

De repente los ecos del jaleo andaluz se oyeron detrás de las murallas; un gemido más bien que una canción y acompañado con palmadas. Sobre una llanura y bajo un grupo de árboles estaba acampada una familia de gitanos en una barraca alumbrada por un candil. Entre guiñaposas, dando de mamar a sus chicos, resaltaban caras morenas con grandes ojos como conchas blancas sobre arena roja; manos con uñas relucientes rascaban cabezas tiñosas. Allí estaba nuestro gitano —¿dónde mejor que con los de su tribu?—. Fuera de la barraca bailaban soldados andaluces para hacerse más la ilusión que estaban en su país. En aquel rincón de silencio nocturno se encontraban sevillanos, cordobeses y de otros sitios de por allá. ¡Qué pueblo el andaluz tan artista, tan poeta, sobre todo cuando baila y canta! Un soldado pequeño en cuclillas como un árabe y casi un niño se puso a echar ayes y lamentos. Entre jaleos y sevillanas pasamos un buen rato mientras el gitano también cantaba; por último, una gitana salió al medio del corro; olé! olé! decían y en su manera de bailar tenía movimientos de serpiente que se levanta al arrastrarse por el suelo y como algo de dolor lascivo contraía sus rasgos.

¡Qué vida la de éstos tan envidiable! Con pretexto de vender y comprar mulas son ante todo errantes infatigables, trasnochadores de la luna, curtidos en la vida de miseria, de irregularidad obstinada, no pudiendo aclimatarse en las poblaciones inmóviles!

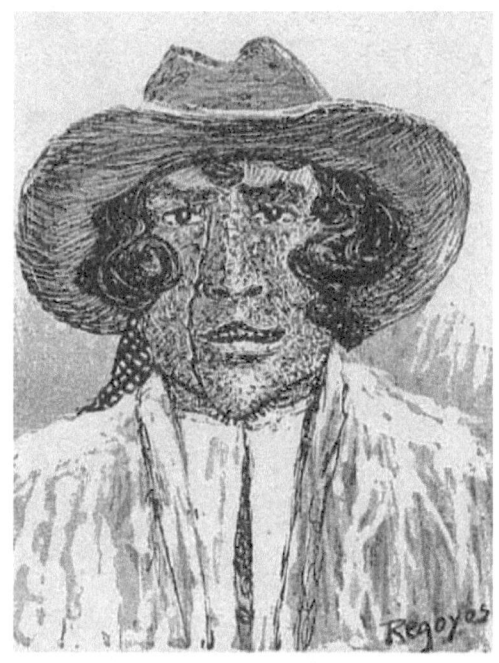

Gitano

Al gitano sobre todo le habíamos soñado así, nos fue simpático y con la imaginación le supusimos poeta y artista. Pero en medio de aquella pobreza tan a la vista, en aquel campamento de piojosos, entre trapos de colorines, mujeres como animales, niños como lobos, en aquella noche silenciosa, seca y dura, bajo un firmamento de ébano, era donde había que ver a nuestro gitano.»

Así acababa el artículo del belga.

Yo hice cantar al gitano algunas coplas y viendo que otras hablaban de la muerte fui tomando nota y traduciendo como pude a mi amigo aquellas ideas tétricas con expresiones en caló. Luego cantó estas seguidillas gitanas:

En el hospitalito
le dije al contralón,
que me dejara ver a mi Dolores,
que me penó que no.

* * *

Te moriste quejando
compañero mío;
en un laíto de mi corasonsito
tengo tus quejíos.

* * *

Siente tú mi pena, siente tú,
siente tú mi pena;
yo también sentiré las tuyas
cuando tú las tengas.

* * *

A mano derecha
en el hospitalito, a mano derecha
que tiene mi compañerita
la camita hecha.

* * *

Ya suenan las llaves,
ya viene el carselero

ya suenan las llaves.
Cómo llora mi corasonsito
gotitas de sangre,
gotitas de sangre.

* * *

Si esta pena mucho me durara
mucho me durara,
no habría murallita firme
que no derribara.

Poco después fue saliendo la luna como alborada de un astro medio apagado; ese que los vascongados llaman con razón *illarguiya* (luz muerta), nombre a propósito para Verhaeren y el cielo que él llamaba de ébano, fue convirtiéndose en noche rojiza; el globo luminoso en careta siniestra de color limón y por fin en disco plateado.

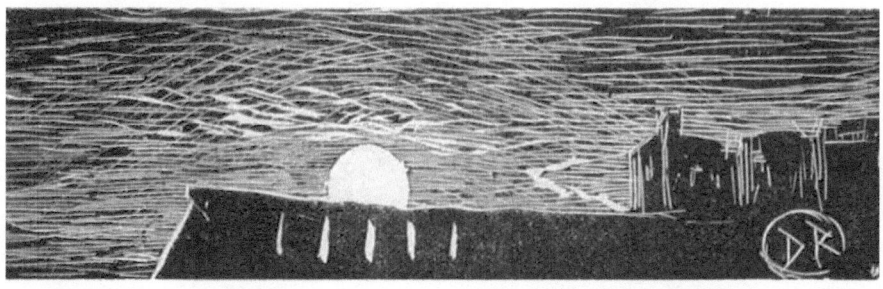

En resumen, Pamplona nos había procurado sensaciones muy artísticas y había agrandado en el poeta su ESPAÑA NEGRA como era natural después de ver los caballos a la luz del crepúsculo y del encuentro terrorífico del gitano que de noche se convertía en espantosa pesadilla. Además dicho a su manera, la palabra francesa *Pampelune* rimaba con *lune* .... !

No me esperaba yo esta razón tan poderosa, tan de poeta, sino que por motivos de pintura Pamplona parecíame soberbio.

Según dijo autoridad tan grande en materia de consonancias, hay muy pocas palabras en francés que rimen con luna; por eso Pamplona para la poesía era un hallazgo.

«Oh! la luna —exclamaba— qué poco se ha comprendido en pintura! Se puede afirmar que casi todos los estados luminosos del día han podido fijarse sobre los lienzos; Rousseau, Díaz, Dupré, Millet, han estudiado la tarde, Corot la mañana; los impresionistas el sol de mediodía; quedan la noche y su luz oscura o mejor su oscuridad luminosa.

Ese nuevo resplandor reflejado en la luna hace cambiar al menos en apariencia las leyes de la visión de colores. ¡Cuántas cosas faltan que revelar y pintar en honor a *Nuestra Señora la Luna*, y qué pocos pintores se han cuidado de eso!

«¡Pampelune rime avec lune!» repetía.

Era esta una razón para adorar a Pamplona.

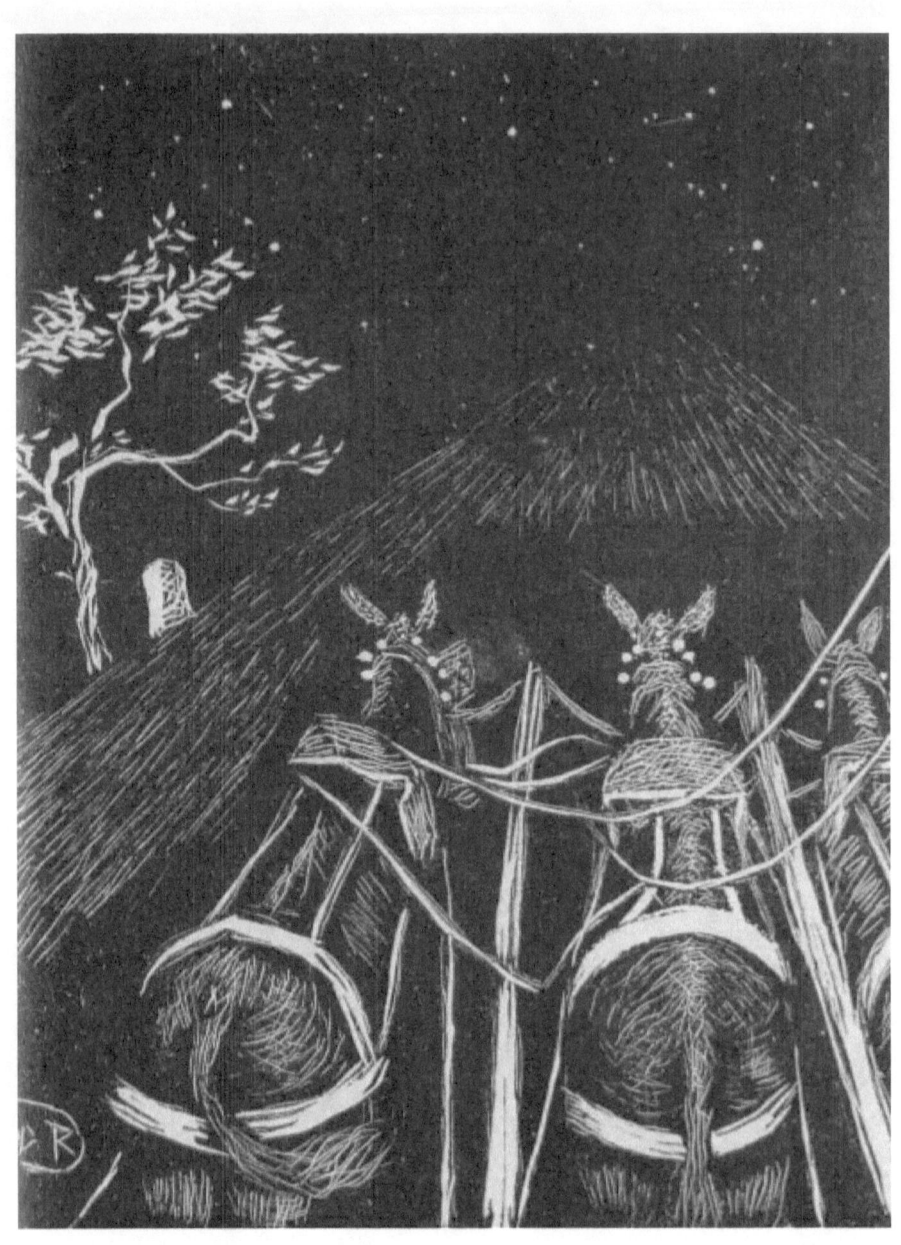

Impresión de paseante. (Boj)

5. Impresiones crepusculares.- Un café cantante en Zaragoza.- Sigüenza.- El Madrid de Verhaeren

Quizás por simpatía a la *España Negra* o por casualidad, casi siempre la llegada a los pueblos era al oscurecer o en noche estrellada, de modo que sin querer las horas de los trenes y de las diligencias nos habían creado una serie de ensueños artísticos de lo desconocido visto a la débil luz crepuscular o al resplandor de amarillento farol de pescante. ¡Cuántas sombras fantásticas las producidas por una candileja de diligencia en las horas de la noche y qué formas misteriosas las de los árboles y objetos que pasaban!

Exceptuando Zaragoza donde estuvimos dos días, la salida de los pueblos se hacía al día siguiente de la llegada, aprovechando un tren de madrugada para no desilusionarnos de lo que habíamos visto la víspera entre tinieblas. Era, en fin, un viaje para poetas o soñadores de la penumbra, pues cuando nos hería el sol en la retina, era ya durante la travesía en tren por los desiertos áridos. Sería bueno recomendar este sistema de viajes a los artistas amigos del gris o enemigos del sol demasiado fuerte; para estos la primera y la última hora del día son las sublimes por lo harmónicas; con ellas todo se poetiza y afina. Se entra en las catedrales como el que desea cometer un crimen, entre las tinieblas de capillas negras, pasando junto a viejas que rezan; déjase uno arrastrar por ese mundo de delicadezas de la paleta y luego errando por las calles tortuosas se toman notas nocturnas gozando de ellas como un ensueño.

Es deber del artista huir al día siguiente temprano para renovar en la noche otros goces artísticos.

¡Tudela, Tarazona, Veruela, Sigüenza, cuatro impresiones que llamaremos *crepusculares*, una cada día y aunque distintas eran parecidas por la *mise en scene!*...

Interiores y portadas góticos, vistos a misteriosa hora, de masas fundidas, bañadas en tonos sobrios, adornadas de bajo-relieves con quimeras y bichos fantásticos. Nuestros personajes eran arrieros de posada, organistas y campaneros. Uno de estos, sacristán, que debía llamarse Zacarías o Celestino muy miope, deletreando en voz alta *El correo español*, con ojos como huevos escalfados a la luz moribunda de una vela de sebo, con la cabeza cubierta primero de un gorro de lana y luego de un sombrero encajado hasta la nuca, nos parecía el verdadero tipo de iglesia, el eterno guardador de llaves y reliquias, más aún cuando al quitar su grasiento hongo quedaba su cabeza enfundada en el gorrete negro como calcetín de gotoso

¡Oh! qué delicioso modo de viajar aquel y con cuánto más gusto se recuerda que los viajes en *sleeping-car* por Inglaterra o Alemania, donde no se tropieza más que empleados correctos y turistas banales y donde al ver un monumento no interesa nada la persona que lo enseña, al contrario de lo que sucede en España!

A ruegos de mi amigo vimos el Campo Santo de Zaragoza, que por ser uno de los que tienen más curiosos nichos en España, había de gustarle, especialmente la colección de azulejos que servían de lápida toscamente coloreados con epitafios, versos y pinturas hermosamente inocentes como iluminados por chiquillos. Observamos el abuso que se hacía de la palabra *cadáver* y según pasábamos leía el poeta algunos azulejos y decía «Aquí yace el cadáver —*c'est chic nom de bleu*— esta palabra en estos sitios!»

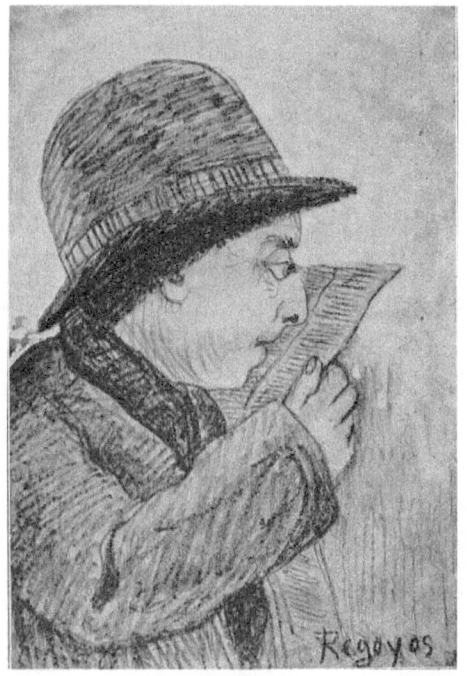

Sacristán

Sus ojos se agrandaban repitiendo ¡*cadáver!*...

«¿Para qué acentuar la idea de la muerte con esta palabra, no usada en ningún cementerio de otro país?»

«Dime después que tu país no es fúnebre», exclamaba. En ninguna parte, en efecto, se conocen estas crudezas y otras

muchas que existirán siempre en España sin que las veamos los españoles por estar ya encarnadas en nosotros.

Hubiera querido que mi amigo visitara Andalucía para conocer sus impresiones, pero sin necesidad de esforzarse mucho en rebuscar la tristeza visitando Campo-Santos ni viendo la imponente procesión del silencio a la madrugada en la Semana Santa de Sevilla, ni hace falta tampoco oír *saetas* ni ver cofradías de inquisición; solo basta estudiar los cantos populares para ver la tristeza del pueblo andaluz.

Mi amigo se contentó con unas coplas del café cantante aquella noche en Zaragoza para juzgar de la aparente alegría de los andaluces. Se hizo traducir algunas de las infinitas en que el amor y la muerte caminan juntos. Esto unido con la música del jaleo; la melancolía árabe acabó de entusiasmarle.

Una *cantaora* de belleza gitana se hizo enseguida amiga nuestra a cambio de un vaso, y como sucede siempre, era de esas que vuelven locos a los extranjeros. Al mozo le llamaba *mar parto* por lo feo y raquítico y mientras miraba un cuaderno de croquis se dejó hacer un perfil. —*No tendrá V. pocos santos corgaos en casa*— decía. —*Pronto gastará V. gafas si sigue pintando.*

Preguntamos si sabía canciones que hablaran de la muerte. —*Casi toas,* —dijo. —*Las quiere V. de jaleo?*

Entonces se puso a cantar en voz baja:

> Déjame pasar el puente,
> que tengo a mi morenilla
> que está de cuerpo presente.

> * * *

> En el cementerio entré
> y a la Virgen del Pilar
> una salve la recé.

* * *

Ayer noche con la luna
yo he visto al seporturero
abriendo tu seportura.

* * *

En el cementerio nuevo
allí dentro la enterraron,
que mis ojillos la vieron.

De malagueñas y peteneras podríamos hacer un libro,
pero citaremos las que cantó en el tablado al lado del
guitarrista:

La tierra que a mí me cubra
no la mires ni la pises
ni te acuerdes más de mí,
que mi lengua te maldice,
muerto reniego de ti.

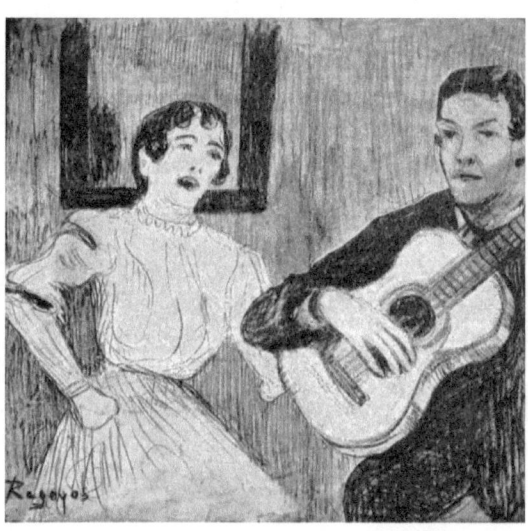

LA CANCIÓN DE LA MUERTE

Cuando ya esté en la agonía
no llames al confesor;
las cosas que tú me has hecho
que las sepa solo Dios.

* * *

Yo he visto en un tribunal
castigar a un inocente
y al mismo tiempo pasaba
el hombre que hizo la muerte.

* * *

Cuantas veces pasarás
por donde yo esté enterrado,
no será para decir
que Dios te haya perdonado

* * *

La escalera del cadalso
subí por una mujer,
¡Ay, si Dios la perdonase
como yo la perdoné!

* * *

En tu sepultura entré
dando voces como un loco,
y me respondió el silencio:
«Aquí está muerta por otro».

* * *

Nadie se acerca a mi cama
que estoy ético de pena;
el que muere de ese mal
hasta la ropa le queman.

* * *

En resumen, una juerga andaluza es una reunión de gente que bebiendo y bailando celebran una fiesta entre ayes y suspiros para hablar de la muerte.

Salimos de Zaragoza con un ciego callejero que iba a la fiesta de un pueblo para ganarse la vida con su guitarra.

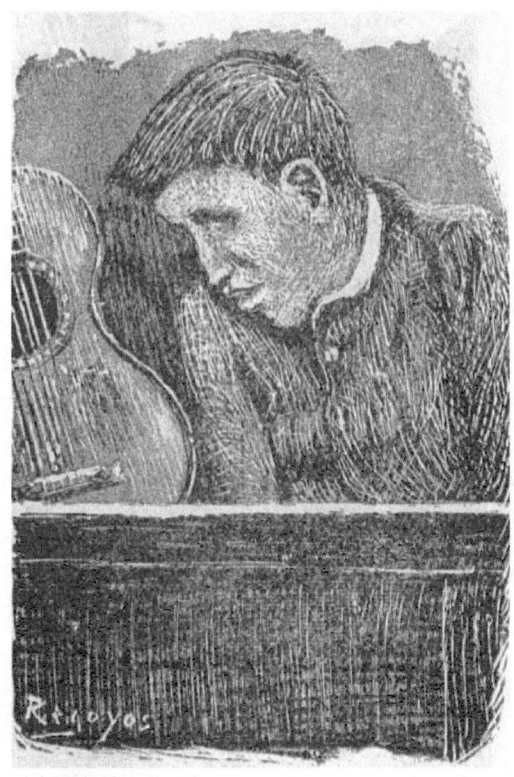

Ciego de viaje

Los ciegos de España era una de las distracciones de Verhaeren y decía que en ningún país los había visto de tan hermosa tristeza, tan suplicantes ni que se prestaran tanto para tomar notas literarias como los que abundan en nuestro país.

Aquel compañero de vagón era el segundo personaje de guitarra que encontramos en ferrocarril y aunque muy opuesto al gitano era como aquel muy a propósito para el belga.

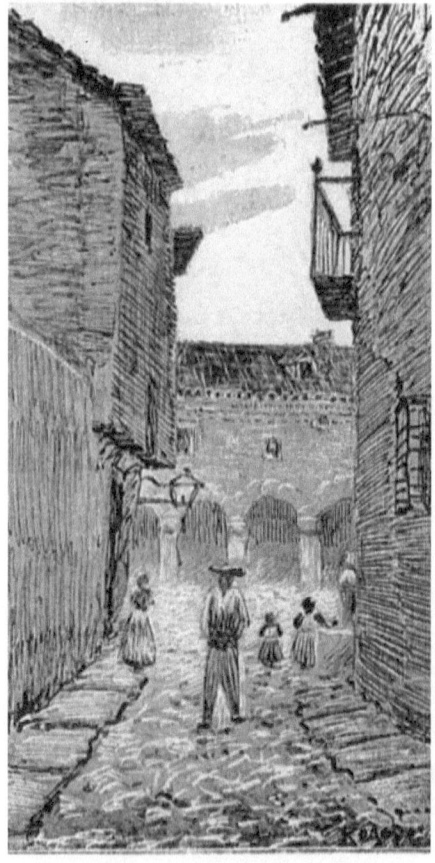

Una calle de Sigüenza

«¿Qué buscarán los ciegos en el cielo?» dice Baudelaire en una poesía; en ella nos hacía pensar aquel desgraciado, que buscaba algo en el cielo con sus ojos, siempre en movimiento hacia arriba, y aún en los momentos en que bajaba la cabeza, los ojos tendían siempre a subir.

En las estaciones berreaba más bien que cantaba, hablando menos de la muerte que los *cantaores* flamencos, pero el resultado era el mismo. ¿Qué importa, que la jota aragonesa sea alegre si la cantan siempre en tono tan tristón tan *navrant*, como decía Verhaeren, que muchas veces dan ganas de llorar, pero como este mismo añadía *«por eso es hermoso»*.

De Zaragoza fuimos a Sigüenza, uno de esos obispados de tercero o cuarto orden que dan más goces al artista que las grandes ciudades y los arzobispados de nombre.

Pueblo desvencijado cayéndose a pedazos y que parece hecho para un poeta o pintor.

Llegando al oscurecer, da la sensación de un rincón de la Edad Media donde hasta los personajes del cuadro están aún en armonía con la población ruinosa. Al ver llegar un caballo con jinete por aquellas calles, le entra a uno el deseo de poner un casco sobre su cabeza y una espada en la cintura.

La impresión de la llegada de un guerrero de aquellos tiempos es completa.

La entrada en la capital de España fue para nosotros como la de un pueblo grande, pero sin la sensación que da un gran centro europeo. El Madrid interesante para nuestro artista estaba en el museo del Prado durante el día y en el café cantante por las noches. Este último sirvió para coleccionar más canciones tristes y su opinión sobre la pintura española va en el próximo capítulo.

Un paseo por las Ventas tenía que entusiasmarle y aumentar la nota *macabra* de sus artículos. Era una tarde en que el viento de la Sierra de Guadarrama cubierta de nieve, azotaba como latigazos en la cara.

—¡Eh! arriba a la plaza! —gritaban los cocheros, por ser día de toros. Y este grito me hizo pensar en otro muy distinto de estos mismos cocheros y que hubiera hecho temblar al belga; los madrileños lo conocen bien; es el que lanzan estos chulapos el día que van a dar garrote a un criminal diciendo —¡*eh! a dos reales al patíbulo* —pronunciado en el mismo tono que *a dos reales a la plaza.*

Pues ¿qué diría si oyese a los *hermanos de la paz y de la caridad* pidiendo dinero y *gritando —por el alma de los reos que están en capilla?* ¡Estos sí que serían personajes para su España fúnebre!

Pero no necesitó de eso para parecerle triste el paseo de las Ventas. Los desmontes son de turrón y los campos son más yertos que los alrededores de Roma, y esta siquiera tiene acueductos, ruinas antiguas y recuerdos de lo que fue; la tristeza de Madrid está bien clara, a pesar del contraste de un gentío de aspecto alegre, procurando divertirse con guitarras y pianos de manubrio, esos instrumentos de tortura, máquinas portátiles hechas para enervar con sus habaneras y canciones de zarzuela.

Este sitio elegido para divertirse está amenizado por el paso de los entierros; unos con pompa, humildes otros, van pasando los muertos delante de la juerga. Años atrás no saludaban allí los entierros, pero ahora ya se va introduciendo esta costumbre de capital civilizada.

Dimos adiós a las Ventas entre jaleos de ciegos y habaneras dormilonas. Por encima de unos barbechos vetamos un carro fúnebre, su cruz y techo barnizados reluciendo en el crepúsculo, los caballos enfundados y con penachos regresando de la Necrópolis como material vacío, los lacayos de librea grotesca, grasienta, ocupando el sitio del féretro, uno dormido y otro riendo, familiarizados con la muerte, como si vinieran de una feria, dando tumbos por un mal camino de baches. En el fondo la meseta de Alcalá; y en el primer término de aquel Sahara el barrio de la Concepción con hoteles rosados por la luz rojiza; quintas de aspecto pobre pertenecientes a burgueses ricos pero dignos de compasión, porque creen que tienen fincas de recreo en el campo, no existiendo allí ni el campo ni el recreo.

Entre amazonas de Fuencarral un carro blanco de polvo y cargado de paja entraba solo en la Capital, sin tener quién dirigiese sus mulas, enganchadas en reata, porque el carretero dormía en lo alto de la carga de paja.

La sorpresa mayor del belga fue cuando vio que en las tiendas de ataúdes en vez de esconderlos como en otros países, los exponemos los españoles en los escaparates, juntamente con los baúles y maletas de viaje. Le hablé del gran establecimiento la *Funeraria* y el nombre le preocupó, tanto que no hablaba más que de visitar aquel gran depósito de féretros.

No pudiendo acompañarle aquel día, se fue solo y según me dijo después, se había él explicado a su manera sin saber el español para encontrar la fúnebre agencia, diciendo a un empleado del tranvía en tono que debió ser lúgubre;

«¡¡Yo quiero una funeraria para cadáver...!!»

Pero allá va el mejor artículo que escribió sobre España, donde se estudia su temperamento y se adivina el enérgico lenguaje del poeta flamenco.

6. La España negra de Verhaeren.- La funeraria.- El Museo del Prado.- Una tarde en el Escorial

La muerte es en España punto de mira del camino del pensamiento. Al nervioso, al impresionable éntranle deseos de ver difuntos y se le figura que deben ser más rígidos, más verdosos, más horrendos que en otros países.

Una fuerza parece que atrae hacia los cementerios, los túmulos, los pudrideros y por refinamiento acaba uno visitando el almacén de ataúdes. Acostumbrados los hombres del Norte a que nos oculten estas cosas tristes nos parece raro que en España los féretros se vendan con los cofres y maletas de viaje. Las fúnebres cajas están en fila; unas con la forma y líneas del cuerpo humano, forradas de paño negro y clavos plateados sirven para los casados; otras de seda blanca con adornos azules destinadas a las solteras; otras de metal bronceado con grandes adornos para los ricos; una he visto cubierta con papel de cuadros para un pobre; también una pequeña como un cajón con tapa que esperaba a un niño y las hay en fin hasta sin cruz para los mendigos. En lugar de atornilladas cuando quedan ocupadas como las nuestras, se cierran a modo de armarios con cerradura y la llave pasa al bolsillo de los parientes. Los precios estaban escritos en los estantes donde descansaban a modo de sarcófagos en un panteón. Además hay gente pagada para vestir los cadáveres; se venden mortajas con coronas, flores y hábitos de diferentes órdenes. Cruces de lilas para colocarlas sobre el pecho de los recién nacidos. Así el vendedor de cajas, gracias al gusto del pueblo, representa en España una industria nacional. Este negocio lleva su título, dominando uno que no tiene su equivalente en ninguna parte, y es «La Funeraria». Esta palabra negra está escrita en la puerta y por poco que se la repita uno, adquiere significación extraordinaria, como representada a la luz de hachones entre gasas y penachos. Acaba uno por repetirse dicha palabra siempre, siempre, como una amenaza de *Dies irae*.

Es necesario llevar gafas de vidrio color rosa en los ojos para ver España con tonos alegres.

Su pabellón nacional debía llevar colores negros o escudos de plata.

Los que la han descrito, casi todos no han oído más que sus jotas, no han visto más que el color del tocado de sus mujeres, no se han interesado más que con la efervescencia de las corridas de toros. Por poco que se mire, oh! qué tristeza deja la alegría pasajera de una hora de fiesta! En realidad, su música más alegre, *la jota*, la cantan los ciegos en tono lastimero. No se diga nada de los aires andaluces donde la música son lamentos. Las *toilettes* blancas van desmentidas por la palidez y la seriedad de las caras, en fin, sus corridas son la sangre y la muerte las que las ordenan. Los toreros antes de bajar a la plaza van a la capilla y se arrodillan como si fueran a morir, y mientras dura la fiesta sus mujeres o hijas encienden cirios y rezan.

Respecto al confesor, allí está esperando.

La muerte se instala en España en la vida como en los ensueños; las canciones de amor son de un negro soberbio; así un joven dice a su novia cómo la querrá en la sepultura o pregunta de qué manera le tendrá en la memoria después de muerto.»

Aquí el poeta flamenco hace alusión a las coplas que más le chocaron entre las infinitas que se le proporcionaron, en que los andaluces ponen el amor en grata compañía de la muerte.

Dando su significado él cita estas tres:

Cien años después de muerto
y de gusanos comido,
un letrero habrá en mis huesos
que dirá que te he querido.

* * *

Yo quisiera ser el nicho
donde te van a enterrar
para tenerte en mis brazos
toita una *eterniá*.

* * *

En el carro de los muertos
la vi de lejos venir,
llevaba una mano fuera,
por eso la conocí.

* * *

Pero no habló del amor de madre donde también la muerte entra en juego; citemos estas tres coplas, entre las mil que conocemos.

En un cementerio entré,
pisé un hueso y dio un quejío;
No me aprietes con el pié
que soy tu madre, hijo mío,
la que a tu cuerpo dio el ser.

* * *

A una tumba le di un beso
y la piedra se partió
y es que allí estaba enterrada
la madre que me parió.

* * *

Donde esta enterrá mi madre
a dar gritos me ponía
y sentí sonar un eco:
No la llames, me decía,
que no responden los muertos.

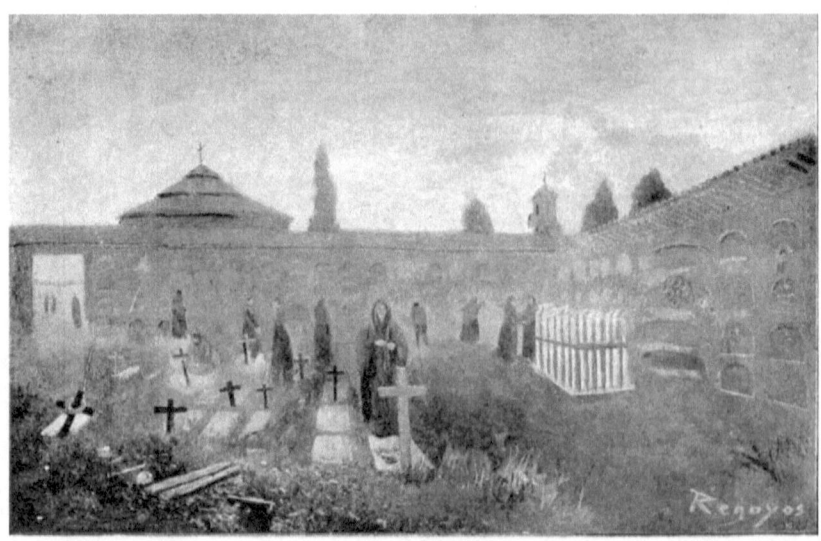

El día de difuntos

No le faltaba más que ver el pudridero de los reyes en el monasterio del Escorial, para que su entusiasmo llegara al delirio; pero como allí no puede entrar nadie, se le explicó que los reyes e infantes permanecen diez años en nichos ordinarios de un subterráneo por donde pasa un arroyo de agua para purificar el aire y que terminados los diez años pasan de su caja de zinc al sarcófago de mármol que les espera en el gran panteón.

El día de Todos los Santos en Madrid dice nuestro artista al ver las luces encendidas en el Campo Santo, cosa nueva para él:

«La muerte es allí una decoración soberbia a la cual la imaginación española bautizada de catolicismo dedica hachones y catafalcos en los cementerios». Tal día es tétrico para el extranjero que llega delante de aquellos nichos, bajo galerías convertidas en capillas ardientes y tiene que extrañarse de cierta familiaridad nuestra con la muerte y de la gente que con gran indiferencia va a comer allí castañas como si fuera un paseo cualquiera.

En fin, como crítico de arte y entusiasta del museo del Prado, dice:

«Así como en la vida como en las costumbres y como en la poesía la muerte reina en el museo de Madrid tan regiamente como Velázquez. Ella se retuerce en los Ribera y la proclama Berruguete en autos de fe, en sus suplicios, en sus éxtasis, en sus martirios; sobre fondos de oro bruñido esmalta este último sus personajes terribles, metiendo clavos enormes en la carne, ciñendo los cráneos de espinas, barrenando los torsos con llagas de triunfo. Es como una rabia de sectario católico romano, lo que mueve su mano de artista, de gran artista, y creería uno que pinta con brochas en forma de dientes y que su color es pez derretida. Tiene la fe que eriza los pelos. Su pensamiento es

Sto. Domingo, su principal modelo; a él dedica sus horas, sus dedos, sus ojos, y no se sirve de éstos más que para contar el fanatismo y la crueldad) como si saliera de calabozo o de cueva de inquisición. Este artista exaltado por visiones trágicas no tuvo competidores, aunque hay otros pintores tristes entre los góticos espańoles como Correa, que se deja influir por los italianos y otro interesante, Gallegos, que parece venir de los flamencos; ninguno mejor que Berruguete lleva el sello de su raza castellana y en algunos de sus cuadros va más allá de su tiempo; llega hasta el siglo de Felipe II.

Siguiendo este camino a través de Morales y Juan de Juanes, se explica uno Zurbarán, Sánchez-Coello y Pantoja de la Cruz[6] pero no se explica Velázquez que parece haber descarrilado el genio espańol de rigidez y de piedad para ir hacia un ideal decorativo de grandeza y de aparato. ¡Cuánto más atractivo tienen los primeros que iban al alma que su brillante y aristocrático sucesor y cuánto mejor explican aquellos los grandes cerebros espańoles: Carlos V y Felipe III!

Estos monarcas como sus pintores comprendieron el carácter tétrico de su raza y su época; el uno se retira al convento de Yuste; el otro encarnó su país como jamás lo hizo ningún rey.

Un artista, este último, que consiguió como nadie poner en su sitio y en un monumento la expresión, adecuada a su alma.

Escoger este país desgarrado de El Escorial que parece aúlla, con sus bloques de granito, amenazando siempre venirse abajo y herido sin cesar por los vientos y nubarrones, para simbolizar en un claustro desnudo, árido

---

[6] Aquí olvidó al Greco y á Valdés Leal, dos de los pintores más tétricos de la escuela espańola.

y glacial su idea tiránica e inmóvil a pesar de los desastres de aquel siglo.

Inolvidables aquel crepúsculo de sangre y aquella noche estrellada de hierro que pasamos en aquel siniestro sitio.

¿Para qué detallar el Monasterio? consultar la guía; pero el paisaje; oh! qué carácter de aridez hermosa!

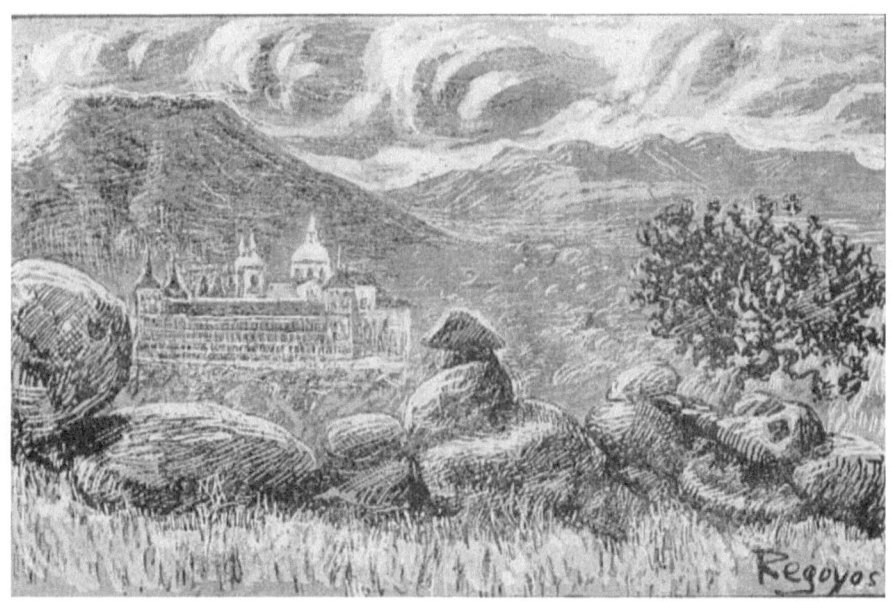

Paisaje en El Escorial

Aún después de haber visto Navarra, Aragón y Castilla donde los extremos de sequedad e inundación enrojece la tierra y horada en los montes masas como templos indios con ilusiones de monstruos encogidos o elefantes alineados como colosales cariátides; aún después de todo esto se queda uno asombrado ante aquel Guadarrama, sobre todo por la tarde.

Enormes grupos de cuatro o cinco cantos amontonados parecen túmulos de tiempos prehistóricos. No se puede creer que la casualidad los haya colocado de aquella manera extraña[7]; otras veces forman bolas terribles o grandes mesas de granito. Se buscan los epitafios, pero nada; es la muerte inmensa, pero anónima.

Algunas encinas, pinos y otros árboles de follaje oscuro; troncos como brazos desesperados en posturas retorcidas es la única vegetación de aquel paisaje. En cuanto al suelo está salpicado algunas veces de flores amarillas y moradas entre las piedras. Como fondo la sierra con las vibraciones rojas de los últimos rayos del sol y más allá aún otra cadena ondulada de montañas de un azul negruzco y lúgubre.

Por encima de nubes de cobre que pasan, otras más grandes de plomo quedan quietas arriba, a pesar del viento que gruñe implacable como hachas agitadas queriendo cortar cabezas.

El crepúsculo se funde poco a poco, y ni las estrellas que empiezan a alumbrar, aunque cambien los tonos del paisaje, no consiguen borrar aquella impresión profunda y fúnebre.

Los bloques de granito cambian de tono produciendo reflejos metálicos; algunas montañas se destacan como catafalcos y el viento sopla siempre. Al acercarnos, el monasterio aparece como un sueño de plata, como una evocación neta y fría del espíritu de Felipe II; y se oye cantar a los frailes salmos en latín, una vez entrando en el templo del cual solo la gran ventana del fondo, como placa de hierro caliente, resplandece.»

---

[7] También vimos en nuestro paseo algunas figuras humanas formadas con los cantos de granito. En uno de estos montones de piedras un francés hubiera visto la silueta de Napoleón sentado, mirando al monasterio, la cabeza cubierta con su conocido tricornio. (N, del T.)

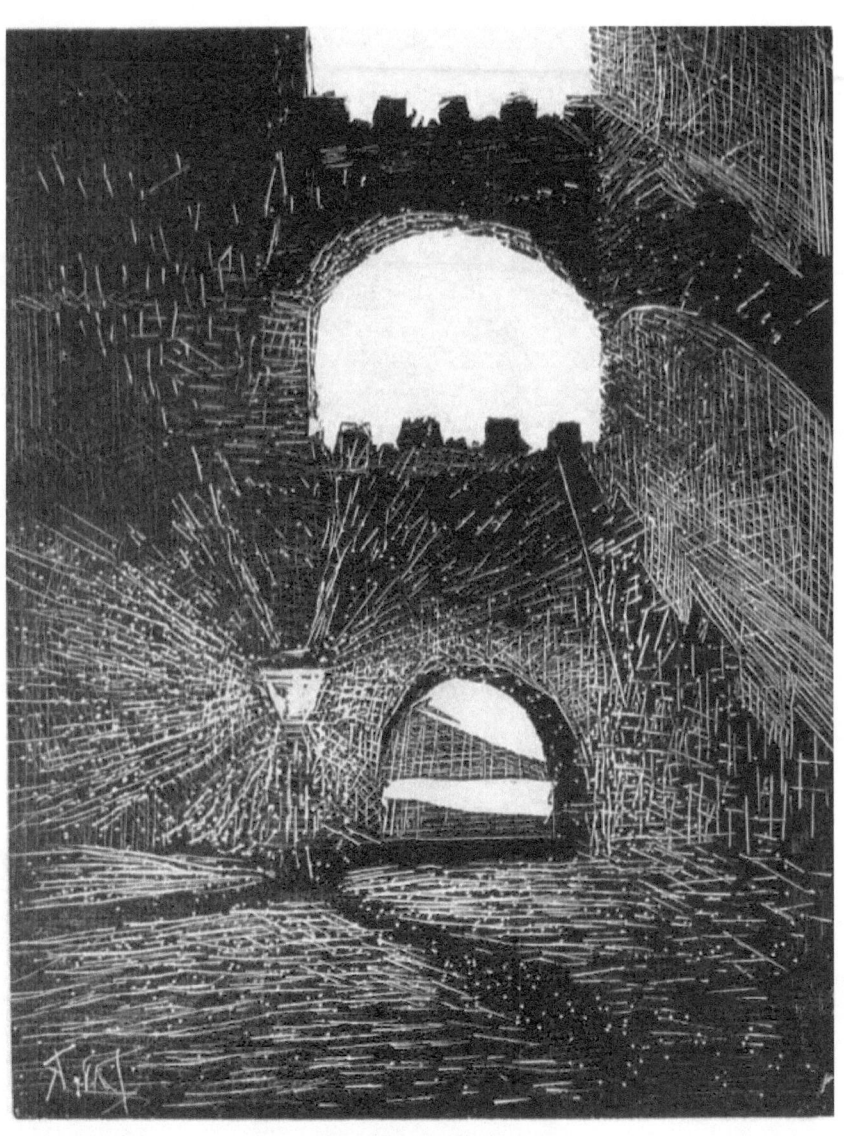

Ávila con luna. (Boj).

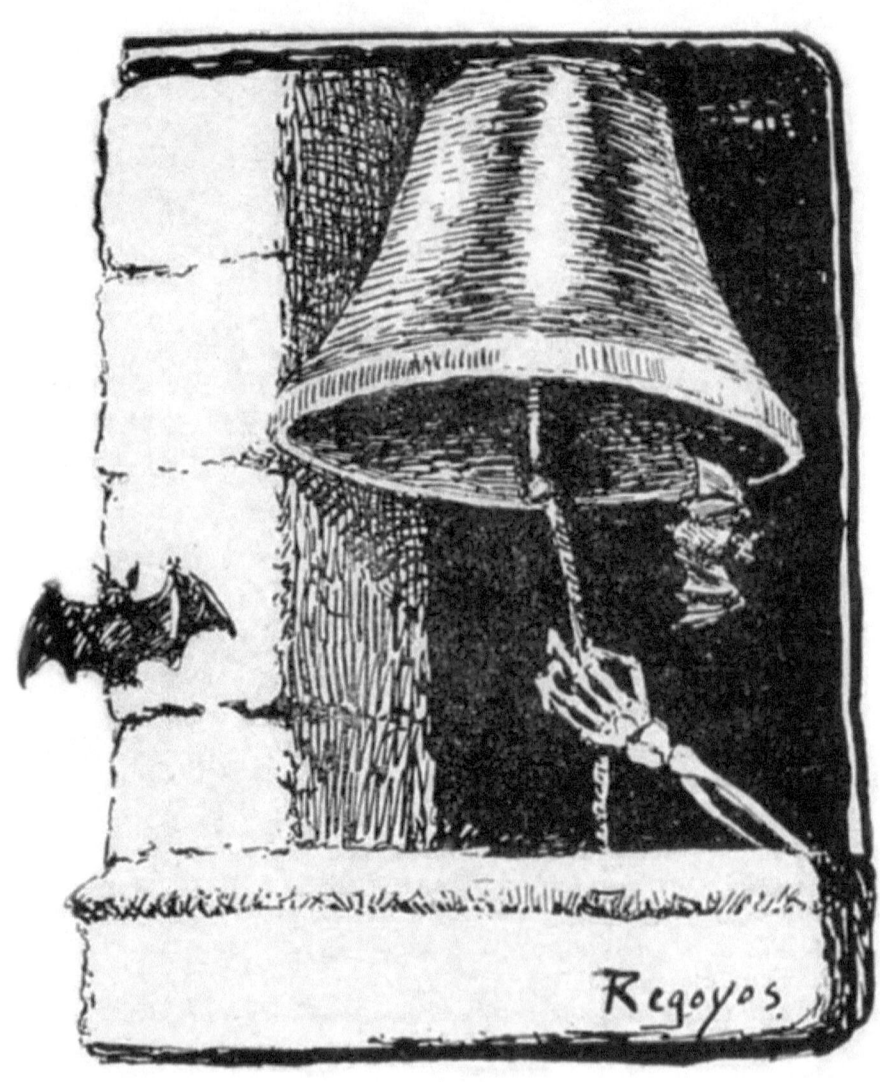

7. Conclusión

Cuando salí de El Escorial pude comprender cuánta razón tenía el poeta al escribir tan triste artículo dedicado a los belgas. Quizás se prestaba él a negras ideas, a llamar *nuit defer* a una noche pasada en El Escorial... La frase *«país desgarrado que parece aúlla herido siempre por los vientos»* tiene verdadero colorido. Allí muge el viento a diario; las pizarras del Monasterio se agitan produciendo un ruido metálico que hace pensar en aquella palabra de Verhaeren: *noche de hierro*. Luego de día, en aquel paisaje extraño las grandes piedras aplastan la tierra como inmensos túmulos; tapan las casas; los habitantes; el granito parece que juega al escondite con los objetos y seres que pasan.

Cuando llegó el tren que debía alejarnos de aquel sitio apareció de repente como inmenso lagarto que se retorciera entre los gigantescos bloques parduzcos.

Un tren lanzado por aquel caos de cantos negros tiene algo de reptil que sale y se esconde entre montones de piedras y ruinas. Así parecen haberlo comprendido al poner el nombre de *Lagartera* a un sitio solitario y trágico entre El Escorial y Ávila.

Ávila, el segundo Toledo de España, aumentó el entusiasmo del flamenco, sobre todo visto con luna entre faroles agonizantes. Las entradas de la antigua muralla, como siniestros calabozos, le parecieron al artista puertas inquisitoriales. Si no llegó a ver Toledo vio Ávila. La ciudad imperial le hubiera gustado por el color; ¡nada tan cada-vérico como sus tonos amarillos vistos desde el campanario de la Catedral! Su plano es más árabe que Ávila; muchas de sus callejuelas con mil recodos no tienen salida como en los pueblos marroquíes, pero el color que domina en los tejados y en el campo yerto es lo que debe extrañar más al hombre que venga del Norte, sea inglés o belga. Aún para el español que pasa muchos años en el extranjero al volver a estos pueblos se pregunta si es posible que agrade tanta desolación. ¿Habrá quien habiendo viajado mucho escoja para retirarse del mundo a Toledo con sus torres de estilo mudéjar, convertidas hoy la mayoría de ellas en palomares; con sus ruinosas casas, sus vertederos de antigüedad que se despeñan en el Tajo? Si se quiere pensar en la muerte, nada más a propósito que esos pueblos castellanos, pero si se desea alegría y si el color influye en ella, no la puede lograr el panorama toledano con aquellos tonos amarillentos que tocan en el pardo unas veces, otras en tonos huesosos; con aquellas tejas que si recién cocidas fueron rojas, por la fuerza del polvo y de la sequedad se han ido convirtiendo en un tono pardo achocolatado.

La vegetación del melancólico verde gris de los olivares completa el aspecto triste del panorama y la soledad sobre todo es lo que más impresiona.

En el color de los monumentos se refleja también un país. Las torres góticas de Normandía, Bretaña y Holanda están cubiertas de una capa de humedad, musgo microscó-pico, produciendo un tono que armoniza con las praderas del Norte donde pastan las vacas; las catedrales de Castilla son de un color pardo amarillento que se confunde con los tonos de sus campos áridos.

Vivir en las ciudades castellanas de ruinas es vivir en lo muerto, aunque sea una ruina con cielo azul.

Aquella antigüedad es muy hermosa para unos días, pero como plato diario cansa y en general hasta los artistas prefieren para la vida ordinaria los pueblos modernos.

Medina y los restos del palacio de la Corte de Castilla, el tocador de la reina convertido ahora en gitanesca covacha y sus fosos en pudridero de mulas, ofrecieron impresiones de luz crepuscular en que revoloteaban los murciélagos. —¡Ya se podían escribir cosas negras! Pero va siendo ya mucha *danza macabra*.

Después de nuestra separación en Burgos, ¡cuántas veces pensé en mi amigo! sobre todo cuando al viajar por los pueblos españoles veía ataúdes colgados a la puerta de algún carpintero, de esos que tienen a gala ostentar las cajas mortuorias que en el extranjero se ocultan y se trasportan de noche; o bien cuando veía un hombre cargado con uno de esos armarios vacíos de la Funeraria, atravesando las calles, cosa que no se ve en pleno día más que en España.

La idea fúnebre del poeta podrá parecer chifladura, pero de ello tuvo la culpa la serie de cosas que vimos en nuestro viaje. El hombre en vez de alegrarse el espíritu con la luz de nuestro sol, se marchó más triste que había venido, pero como él decía «por lo mismo que es triste, España es hermosa.».

Para terminar esta visión tétrica citaré una procesión que vi en Rioja, donde hay una cofradía de disciplinantes que se azota cruelmente, hasta correr la sangre, hiriéndose la piel con vidrios rotos. En pleno siglo XIX casi en el XX sucede esto delante de un Nazareno el Viernes Santo en San Vicente de la Sonsierra, cerca de Haro, donde se trasporta uno a la Edad Media aunque por otro lado tengan luz eléctrica y se vean desde allí los trenes modernos pasar diariamente por la estación de Briones a dos pasos de distancia.

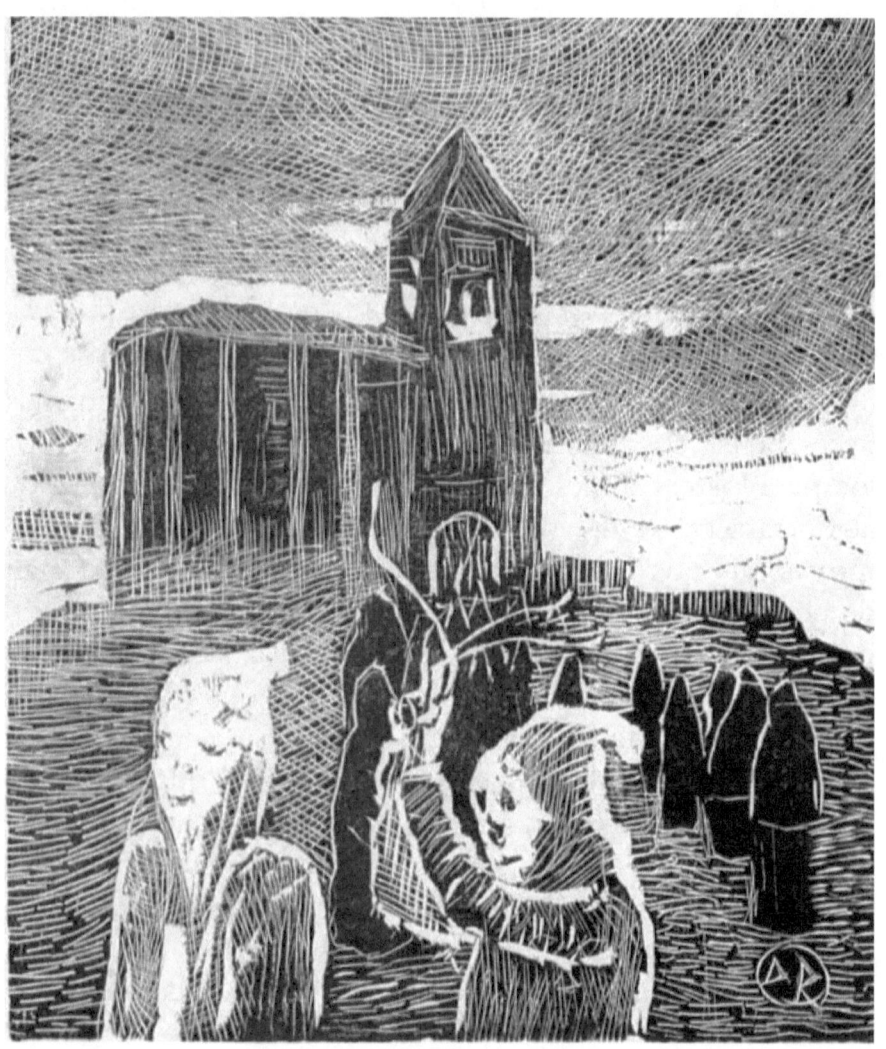

La procesión de San Vicente. (Boj).

Es una procesión puramente para artistas; mas por no prestarse a ser pintada en lienzo, la recomiendo al literato que quiera escribir un artículo espeluznante, sobre todo si es de las ideas de Verhaeren.

El pintor riojano Paternina me había hablado de este espectáculo goyesco y no atreviéndome a creerlo fui una Semana Santa a dicho pueblo para convencerme con mis ojos. ¿Cómo trasladar a un lienzo unos cuantos fanáticos que se azotan delante de los pasos en la procesión?

¿Cómo expresar que cada disciplinante se azota a sí mismo?

Goya pintó una escena parecida en el cuadro que existe en Madrid en la Academia de San Fernando, solamente que allí cada disciplinante azota a su compañero. Pero la segunda parte exigiría aún más explicación, es decir, cuando el llamado *padrino*, un viejo con cara de Nerón, termina aquel terrible castigo haciendo brotar la sangre agolpada en las doloridas espaldas amoratadas en fuerza de zurriagazos, con un instrumento que pone los pelos de punta, una bola del tamaño de las de billar hecha de cera y que contiene unos pedazos grandes, de vidrios rotos, salientes y cortantes. De esta bola llamada allí *esponja* me dieron un ejemplar, y la operación o sangría la llaman *picar*; así tan en crudo; lo mismo que en las plazas se pican toros, en aquel pueblo se pican hombres.

Para merecer el alto honor de *ser picao* hay que pertenecer a la cofradía; todo el mundo no puede conseguirlo. El hombre *picao* tomándolo en el sentido riojano es un buen partido para las muchachas y un valiente entre los hombres.

Hay además otros muchos martirios como el ir por las calles tocando a pulso una campana que pesa algunas libras y la terrible penitencia de llevar los pasos con los pies desnudos sobre un empedrado de chinitas y piedras desiguales que parecen hechas para aquel calvario. Y más si se considera que ellos tienen a gala no dejar descansar los pasos sobre pies de madera o zagalejo como en las demás procesiones y sí únicamente cambiar de postura siempre con el Santo al hombro.

Una de las cosas interesantes fue la visita a la casa de los disciplinantes que aquellos días tienen colgadas al balcón las disciplinas. Subimos por una escalera oscura; allí se reunían ellos y rodeaban una mesa con una jarra de vino. *El Padrino* ya viejo, fue el que con voz aguardentosa nos explicó la necesidad que tenían en la cofradía de algunos fondos, porque aquel año habían sufrido muchos gastos; es decir, que deseaban que se echara algo en el plato, preparado a propósito en un rincón. Sacó un traje de hilo blanco abierto por la espalda, porque ésta tiene que quedar al descubierto para la penitencia; un antifaz de inquisición y un par de calzoncillos también blancos completaban el lúgubre traje.

El patrón dijo: *«ya ven ustés que aquí llevamos las cosas con orden y que la ropa está bien cuidá y planchá.»* Quedamos en volver para asistir a la cura de los picaos, pues era antes de celebrarse la procesión y después vimos que la cura se reduce a lavar las heridas con agua y a meterlos en la cama.

El padrino añadió: *«aquí nadie puede con la cofradía porque el que no se azota en la calle, lo hace en su casa y así todos sufren la condena».*

Cuentan que un gobernador mandó un año a la guardia civil para impedir que se castigaran, pero perdieron el tiempo, porque toda la cofradía se zurró y *picó* de lo lindo, cada uno en su casa. Desde entonces no insistió más el señor Gobernador en ser caritativo,

También se dice entre los cofrades que el que se deja picar una vez, tiene que repetirlo todos los años. Como la Semana Santa es en la época de la revolución de la sangre, todo hombre *picao* en años anteriores la tiene más revuelta que el que no se *picó* nunca; al llegar esta época los cofrades sienten la necesidad de aquella sangría brutal y los que la suprimen están naturalmente malos aquel año, aunque ellos lo atribuyen a un castigo del cielo por no haber sufrido dicha penitencia.

Aquel Jueves Santo fueron *picaos* tres y en la tarde del Viernes se martirizaron los restantes de la cofradía, que eran ocho o diez.

Fue un día triste con un viento glacial; ya la silueta del pueblo no convidaba a ideas alegres. La iglesia del amarillento castellano de siempre dominaba todo, enclavada en una peña también pajiza, casi inaccesible sobre el Ebro y en medio de desiertos pelados y tristes. El tiempo con nubarrones negros, la procesión a la desbandada como obra de poseídos o de escapados locos, los chicos gritando, porque no rezaban ni cantaban; todas las notas eran discordantes. Las calles ruinosas y en fin todo el conjunto formaban una pesadilla *macabra* completándola con la sangre de los azotados.

Si alguien desea ver una España de la Edad Media que vaya un Viernes Santo a San Vicente de la Sonsierra y si quiere dejarse picar que entre en la cofradía negra.

Lo malo de esto es empezar, porque el cuerpo lo pide al año siguiente y si hemos de creer a los azotados, según pasan los años, para la sangre es fruta sabrosa.

Sin duda tuvo razón Verhaeren en ver hace diez años nuestra patria como un país amigo de la muerte. Hizo bien en estudiar la Funeraria y el toque de agonía. ¿No se consuela a las madres españolas con la misma idea de la muerte cuando pierden un niño, diciendo: *«no llore V., ¿no ve V. que los angelitos están mejor en el cielo?»*

Si este artista viniera ahora a España nos encontraría a todos más muertos que en su último viaje. Sus notas parecen escritas en este año 98 de tristes recuerdos.

Y si para completarlo viniera a pasar un Viernes Santo en Rioja, entonces sí que vería al natural y de una pieza toda su ESPAÑA NEGRA tal como él la desea y la canta con su alma de gran poeta.

TAMBIÉN EN Lecturas hispánicas

- ✓ España negra (Darío de Regoyos y Émile Verhaeren)
- ✓ La leyenda negra y la verdad histórica (Julián Juderías)
- ✓ Vida y obra de Alejandro Magno (Quinto Curcio)
- ✓ Las Nacionalidades (F. Pi y Margall)
- ✓ A beneficio de inventario (Antonio Envid)
- ✓ El mundo secreto de Arthur Soto (José María Collado)
- ✓ Sed (Rafael Moya Valgañón)
- ✓ Nubes bajas (LuisAntonio Alonso Menoyo)
- ✓ La Comunidad del Energúmeno (Babiluno)
- ✓ Esplín. 50 textos contra las umbrías tardes de confinamiento (Servando
- ✓ Gotor)
- ✓ El enigma del domador de pulgas (Antonio Envid)
- ✓ ¿Crisis? Nunca pasa nada (Servando Gotor)
- ✓ Diálogos del Orador (Marco Tulio Cicerón, con notas de Servando Gotor)
- ✓ Confusión de confusiones de José de la Vega (Edición adaptada al español actual, con introducción, notas, vocabulario esencial y bibliografía, a cargo de Servando Gotor)
- ✓ Conocer a… Brujería y exorcismos en España
- ✓ Informe sobre la Ley Agraria de Jovellanos y las Cartas de Cabarrús.
- ✓ Palabra sin voz (Servando Gotor)
- ✓ Niebla y la Tía Tula (Miguel de Unamuno). Edición anotada, que incluye 'El nebuloso mundo de Eugenio y Tula', de Servando Gotor.
- ✓ Homo occidentalis (Servando Gotor), en preparación.
- ✓ La flor de Saúco (Luis Antonio Alonso Menoyo)
- ✓ Cantiles y riscos (Luis Antonio Alonso Menoyo)
- ✓ La estación maldita y otros cuentos (Antonio Envid)
- ✓ Las fuerzas extrañas (Leopoldo Lugones)
- ✓ La letra escarlata. Wakefield (Nathaniel Hawthorne)
- ✓ El corazón de las tinieblas (Joseph Conrad, con notas de Servando Gotor).
- ✓ Hipatia (Charles Kingsley)
- ✓ Sicilia en "El Grand Tour" (Goethe, A. Dumas, Guy de Maupassant, con notas de Servando Gotor)
- ✓ Abogados (Servando Gotor)
- ✓ Grecia eterna (Enrique Gómez Carrillo)
- ✓ La brújula del pescador (Luis Antonio Alonso Menoyo)
- ✓ El Speronare (Alejandro Dumas)
- ✓ Rómulo y Teseo. Edición divulgativa (Plutarco)
- ✓ Inspección de Guardia (Rafael Moya Valgañón)
- ✓ Los últimos días de Pompeya (Edward Bulwer Lytton)

- Shakespeare (Victor Hugo)
- Vida de Kant (Kuno Fischer)
- El Greco de Cossío. Edición ilustrada, revisada y actualizada.
- Desde mi alcoba (José María Collado)
- Diario de Nicaragua (Andrés Fuertes)
- Idearium español (Ángel Ganivet)
- Introducción al flamenco y cancionero (Rafael Moya Valgañón)
- Conocer a… el arte moderno (Servando Gotor). *En preparación*
- Conocer a… Mata Hari *En preparación*
- Conocer a… El Gran Capitán
- Conocer a… los Borgia
- Conocer a… Benjamín Franklin (El libro del hombre de bien)
- El Quijote y su época (José de Armas y Cárdenas)
- Cuarto y mitad (Carlos de Francia Blázquez)
- Pasarela (Carlos de Francia Blázquez)
- Las constituciones españolas. Textos completos
- La Horda, (Vicente Blasco Ibáñez). En preparación
- Huella de almas (Francisco Acebal)
- Aires de Mar (Francisco Acebal)
- Batiéndome en retirada (JAVI)
- Ossa Árida — El Papa Luna (Servando Gotor)
- Molière por Moratín (El médico a palos y La escuela de los maridos)
- Nerón. Su vida y su muerte
- Esta sombra no es mía (Juan Serrano)
- Merodeando el desnudo femenino (Narciso de Alfonso)
- Entre las ruinas del cielo (Servando Gotor)
- Todo amor es grande (Propercio en la versión de Mariano Berdusán)
- La invención de la Taberna (Antonio Envid)
- El color de mi cristal (Mariano Berdusán Cabellos)
- Bárbara Blomberg (Servando Gotor)
- Serafita (Honoré de Balzac, con traducción de Narciso de Alfonso)
- El guacamayo azul (Narciso de Alfonso y Servando Gotor)
- La tía Tula (Miguel de Unamuno)
- Niebla (Miguel de Unamuno)
- Aura o las violetas (J. M. Vargas Vila)
- Cajal. Cuentos y enredos (Servando Gotor)
- El amor y las moiras (Servando Gotor)
- El tenue aroma de la acacia (Antonio Envid)
- El Papa del Mar (Vicente Blasco Ibáñez)
- La ciudad sin faro (Servando Gotor)
- Los amantes de Teruel: las dos versiones íntegras y una reseña crítica de Larra (J. E. Hartzenbusch).